필사로 시작하는
영어 독서

 이솝 우화
따라 쓰기

재능많은영어연구소 지음

이탁근 그림

휴먼
어린이

몰입부터 습득까지, 성공적인 영어 독서의 시작!

영어 동화로 몰입하며 읽기

이 책에 수록된 스무 편의 영어 동화는 초등 교과 수준의 어휘와 문장으로 이루어져 있습니다. 한 편당 10개의 문장으로 정리하여 누구나 부담 없이 읽을 수 있습니다. 영어 동화를 읽으면 주인공의 감정에 몰입하면서 자연스럽게 문장과 표현을 흡수하게 됩니다. 감동적이거나 재미있는 이야기가 집중력을 끌어올려 학습 효과를 극대화합니다.

글의 핵심을 파악하는 영어 독서 시작하기

먼저 동화를 읽고, 단어들을 학습하고, 구조적으로 글을 파악하는 훈련을 합니다. 그리고 마지막에 전체 글을 따라 쓰는 확인 학습을 합니다. 전체적인 맥락을 먼저 파악하고, 세부적인 학습을 진행하고, 다시 전체 내용을 정리하지요. '전체→부분→전체'로 이루어진 구성을 통해 단어나 문장 단위의 독해를 넘어서 글의 핵심을 파악하는 독서 능력을 기를 수 있습니다.

단계적
반복 학습으로
영어 실력
다지기

또한 이 구성은 '단어→문장→단락'으로 나아가는 단계이기도 합니다. 단계별 학습으로 다양한 어휘와 문장의 구조, 문장 간 연결을 익히며 기초 실력을 다집니다. 이 과정을 스무 편의 영어 동화를 통해 반복합니다. 점진적인 학습 단계와 반복적인 구조는 아이가 영어 독서를 편안하게 시작할 수 있도록 돕습니다.

연필 들고
따라 쓰며
장기 기억
형성하기

영어 동화를 따라 쓰며 읽는 활동은 읽기(Reading), 쓰기(Writing), 듣기(Listening), 말하기(Speaking)를 동시에 자극하는 효과적인 학습법입니다. 학습 자극이 다양해질수록 기억은 또렷하게 남습니다. 따라 쓰기는 단순한 필기 연습이 아니라, 듣고 읽고 쓰는 활동을 유기적으로 연결하는 감각 통합 학습(Sensory Integrated Learning) 활동입니다. 반복해서 따라 쓰다 보면 문장의 패턴에 익숙해지고, 문법을 따로 공부하지 않아도 자연스럽게 활용할 수 있습니다.

1. 영어 동화를 듣고, 읽고, 이해하기

Step1
어떤 이야기일까요?
동화에 담긴 주제를
미리 읽어 보세요.

The Tortoise and the Eagle

DAY 1

"나는 내가 좋아!"
자신의 모습을 있는 그대로 받아들이고 사랑한다면
모두가 행복해지지 않을까요?

Step2
그림으로
이야기를
상상해 보세요.

Step3
원어민 낭독으로
동화를 듣고,
들리는 대로 따라
말해 보세요.

A tortoise had a nice log to sit on.
He had yummy apples to eat.
He had a very shiny shell.
But he wasn't happy.
All day long, he saw an eagle in the sky.
He called to the eagle,
"Will you take me into the sky?"

The eagle picked up the tortoise
and flew high into the sky.
But the tortoise felt dizzy.
"Please take me back."
The tortoise no longer wanted to fly.
He ate his apples. He sat on his log.
And he was happy.

10

11

Step4
동화를 우선 눈으로 읽고,
다음은 소리 내어 읽어 보세요.
어떤 내용인지 이해하고,
감상도 말해 보세요.

2. 단어로 본문 쓰기

Step5

주요 단어의 의미를
보기에서 골라 보세요.

1 단어로 본문 쓰기

The Tortoise and the Eagle
단어들을 읽고, 주어진 문장을 써 보아요!

log ☑ 통나무 □ 의자
A tortoise had a nice log to sit on.

거북이는 앉을 멋진 통나무가 있었다. (have의 과거는 had)

yummy □ 맛있는 □ 맛없는
He had yummy apples to eat.

그는 먹을 맛있는 사과가 있었다.

shell □ 집 □ 등껍질
He had a very shiny shell.

그는 아주 빛나는 등껍질을 가졌다.

all day long
All day long, he saw an eag...

take □ 보여 주다 □ 데려다주다
Will you take me into the sky?

네가 나를 하늘로 데려다 줄래?

pick up □ 집어 들다 □ 보여 주다
The eagle picked up the tortoise.

독수리가 거북이를 집어 들었다.

dizzy □ 지루한 □ 어지러운
But the tortoise felt dizzy.

그러나 거북이는 어지러움을 느꼈다. (feel의 과거는 felt)

no longer □ 더 오래 □ 더 이상 ~않은
The tortoise no longer wanted to fly.

거북이는 더 이상 날고 싶지 않았다.

Step6

단어가 포함된 문장을
따라 쓰며 익혀요.
문장 속에서 단어가 어떻게
쓰이는지 살펴보세요.

12 / 13

3. 문장 연결하기 & 이야기 완성하기

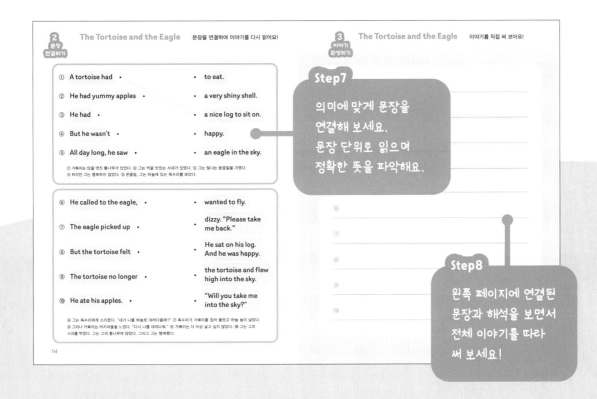

2 문장 연결하기

The Tortoise and the Eagle
문장을 연결하여 이야기를 다시 읽어요!

① A tortoise had • • to eat.
② He had yummy apples • • a very shiny shell.
③ He had • • a nice log to sit on.
④ But he wasn't • • happy.
⑤ All day long, he saw • • an eagle in the sky.

① 거북이는 앉을 멋진 통나무가 있었다. ② 그는 먹을 맛있는 사과가 있었다. ③ 그는 빛나는 등껍질을 가졌다.
④ 하지만 그는 행복하지 않았다. ⑤ 온종일, 그는 하늘에 있는 독수리를 보았다.

⑥ He called to the eagle, • • wanted to fly.
⑦ The eagle picked up • • dizzy. "Please take me back."
⑧ But the tortoise felt • • He sat on his log. And he was happy.
⑨ The tortoise no longer • • the tortoise and flew high into the sky.
⑩ He ate his apples. • • "Will you take me into the sky?"

⑥ 그는 독수리에게 소리쳤다. "네가 나를 하늘로 데려다줄래?" ⑦ 독수리가 거북이를 집어 들고 하늘 높이 날았다.
⑧ 그러나 거북이는 어지러움을 느꼈다. "다시 나를 데려다줘." ⑨ 거북이는 더 이상 날고 싶지 않았다. ⑩ 그는 그의
사과를 먹었다. 그는 그의 통나무에 앉았다. 그리고 그는 행복했다.

3 이야기 완성하기

The Tortoise and the Eagle
이야기를 직접 써 보아요!

⑥
⑦
⑧
⑨
⑩

Step7

의미에 맞게 문장을
연결해 보세요.
문장 단위로 읽으며
정확한 뜻을 파악해요.

Step8

왼쪽 페이지에 연결된
문장과 해석을 보면서
전체 이야기를 따라
써 보세요!

14

차례

The Tortoise and the Eagle

A tortoise had a nice log to sit on.

He had yummy apples to eat.

He had a very shiny shell.

But he wasn't happy.

All day long, he saw an eagle in the sky.

He called to the eagle,

"Will you take me into the sky?"

"나는 내가 좋아!"

자신의 모습을 있는 그대로 받아들이고 사랑한다면
모두가 행복해지지 않을까요?

이야기 듣기
따라 말하기

The eagle picked up the tortoise

and flew high into the sky.

But the tortoise felt dizzy.

"Please take me back."

The tortoise no longer wanted to fly.

He ate his apples. He sat on his log.

And he was happy.

The Tortoise and the Eagle
단어들을 읽고, 주어진 문장을 써 보아요!

log
☑ 통나무 ☐ 의자

A tortoise had a nice log to sit on.

거북이는 앉을 멋진 통나무가 있었다. (have의 과거는 had)

yummy
☐ 맛있는 ☐ 맛없는

He had yummy apples to eat.

그는 먹을 맛있는 사과가 있었다.

shell
☐ 집 ☐ 등껍질

He had a very shiny shell.

그는 빛나는 등껍질을 가졌다.

all day long
☐ 온종일 ☐ 잠깐

All day long, he saw an eagle in the sky.

온종일, 그는 하늘에 있는 독수리를 보았다.

take

□ 보여 주다 □ 데려다주다

Will you take me into the sky?

네가 나를 하늘로 데려다주겠니?

pick up

□ 집어 들다 □ 보여 주다

The eagle picked up the tortoise.

독수리가 거북이를 집어 들었다.

dizzy

□ 지루한 □ 어지러운

But the tortoise felt dizzy.

그러나 거북이는 어지러움을 느꼈다. (feel의 과거는 felt)

no longer

□ 더 오래 □ 더 이상 ~않은

The tortoise no longer wanted to fly.

거북이는 더 이상 날고 싶지 않았다.

The Tortoise and the Eagle

문장을 연결하여 이야기를 다시 읽어요!

① A tortoise had   •   •   to eat.

② He had yummy apples   •   •   a very shiny shell.

③ He had   •   •   a nice log to sit on.

④ But he wasn't   •   •   happy.

⑤ All day long, he saw   •   •   an eagle in the sky.

① 거북이는 앉을 멋진 통나무가 있었다. ② 그는 먹을 맛있는 사과가 있었다. ③ 그는 빛나는 등껍질을 가졌다.
④ 하지만 그는 행복하지 않았다. ⑤ 온종일, 그는 하늘에 있는 독수리를 보았다.

⑥ He called to the eagle,   •   •   wanted to fly.

⑦ The eagle picked up   •   •   dizzy. "Please take me back."

⑧ But the tortoise felt   •   •   He sat on his log. And he was happy.

⑨ The tortoise no longer   •   •   the tortoise and flew high into the sky.

⑩ He ate his apples.   •   •   "Will you take me into the sky?"

⑥ 그는 독수리에게 소리쳤다. "네가 나를 하늘로 데려다줄래?" ⑦ 독수리가 거북이를 집어 들었고 하늘 높이 날았다.
⑧ 그러나 거북이는 어지러움을 느꼈다. "다시 나를 데려다줘." ⑨ 거북이는 더 이상 날고 싶지 않았다. ⑩ 그는 그의
사과를 먹었다. 그는 그의 통나무에 앉았다. 그리고 그는 행복했다.

The Tortoise and the Eagle

이야기를 직접 써 보아요!

① _____

② _____

③ _____

④ _____

⑤ _____

⑥ _____

⑦ _____

⑧ _____

⑨ _____

⑩ _____

The Ant and the Dove

One hot day, an ant was drinking water.

She slipped into the water.

The dove saw the ant and dropped a leaf.

The ant climbed onto the leaf.

"Thank you. You saved my life."

"서로 도우며 함께 살아가기!"

내가 어려울 때 도와준 친구가 위험에 처한다면,
여러분은 그 친구를 위해 용감하게 나설 수 있나요?

이야기 듣기
따라 말하기

Later, the ant saw a man.

He was pointing a gun at the dove.

The ant bit the man's foot.

"Ouch!" he cried and missed the dove.

And the dove flew away safely.

The Ant and the Dove

단어들을 읽고, 주어진 문장을 써 보아요!

drink

☐ 먹다 ☑ 마시다

One hot day, an ant was drinking water.

➡

어느 더운 날, 개미가 물을 마시고 있었다.

slip into

☐ ~에 미끄러지다 ☐ ~에 있다

She slipped into the water.

➡

그녀는 물속으로 미끄러졌다. (slip의 과거는 slipped)

drop a leaf

☐ 잎사귀를 줍다 ☐ 잎사귀를 떨어뜨리다

The dove saw the ant and dropped a leaf.

➡

비둘기는 개미를 보고 잎사귀를 떨어뜨렸다. (drop의 과거는 dropped)

climb

☐ 오르다 ☐ 내리다

The ant climbed onto the leaf.

➡

개미는 잎사귀 위로 올라갔다.

save

☐ 버리다 ☐ 구하다

You saved my life.

➡

네가 내 생명을 구했다.

see

☐ 보다 ☐ 듣다

Later, the ant saw a man.

그 후에 개미는 한 남자를 보았다. (see의 과거는 saw)

point a gun

☐ 총을 겨누다 ☐ 총을 쏘다

He was pointing a gun at the dove.

그는 비둘기에게 총을 겨누고 있었다.

bite

☐ 먹다 ☐ 깨물다

The ant bit the man's foot.

개미는 남자의 발을 깨물었다. (bite의 과거는 bit)

miss

☐ 놓치다 ☐ 찾다

"Ouch!" he cried and missed the dove.

"아얏!" 그는 소리쳤고 비둘기를 놓쳤다. (cry의 과거는 cried)

fly away

☐ 사라져 버리다 ☐ 날아가 버리다

And the dove flew away safely.

그리고 비둘기는 안전하게 날아가 버렸다. (fly의 과거는 flew)

The Ant and the Dove

문장을 연결하여 이야기를 다시 읽어요!

① One hot day, an ant •   • into the water.

② She slipped •   • was drinking water.

③ The dove saw the ant •   • onto the leaf.

④ The ant climbed •   • saved my life."

⑤ "Thank you. You •   • and dropped a leaf.

① 어느 더운 날, 개미가 물을 마시고 있었다. ② 그녀는 물속으로 미끄러졌다. ③ 비둘기는 개미를 보고 잎사귀를 떨어뜨렸다. ④ 개미는 잎사귀 위로 올라갔다. ⑤ "고마워. 네가 내 생명을 구했어."

⑥ Later, the ant saw •   • the man's foot.

⑦ He was pointing •   • a man.

⑧ The ant bit •   • away safely.

⑨ "Ouch!" he cried •   • a gun at the dove.

⑩ And the dove flew •   • and missed the dove.

⑥ 그 후에 개미는 한 남자를 보았다. ⑦ 그는 비둘기에게 총을 겨누고 있었다. ⑧ 개미는 남자의 발을 깨물었다. ⑨ "아얏!" 그는 소리쳤고 비둘기를 놓쳤다. ⑩ 그리고 비둘기는 안전하게 날아가 버렸다.

The Ant and the Dove

이야기를 직접 써 보아요!

① _____

② _____

③ _____

④ _____

⑤ _____

⑥ _____

⑦ _____

⑧ _____

⑨ _____

⑩ _____

The Two Crabs

One fine day, two crabs took a walk on the sand.

"Child," said the mom crab,

"Why do you walk so one-sided? You're twisting

from side to side."

The son crab said, "You're right, Mom.

Please show me how to walk."

"말보다 행동! 솔선수범하기."

다른 사람의 약점에 대해 함부로 말하기 전에
나 자신을 먼저 되돌아보는 태도가 필요해요.

이야기 듣기
따라 말하기

"OK. I'll teach you how to walk straight," said
the mom crab.

The mom crab tried to walk straight forward.

But she could only walk sideways, like her son.

When she stepped forward, she missed her step.

She fell on her nose.

23

The Two Crabs

단어들을 읽고, 주어진 문장을 써 보아요!

take a walk

☑ 산책하다 ☐ 뛰다

Two crabs took a walk on the sand.

두 게가 모래 위에서 산책했다. (take의 과거는 took)

one-sided

☐ 양쪽으로 ☐ 한쪽으로

Why do you walk so one-sided?

왜 너는 그렇게 한쪽으로 걷니?

twist from side to side

☐ 좌우로 비틀거리다 ☐ 좌우로 뛰다

You're twisting from side to side.

너는 좌우로 비틀거리고 있다.

right

☐ 맞는 ☐ 잘못된

The son crab said, "You're right, Mom."

아들 게가 "맞아요, 엄마."라고 말했다. (say의 과거는 said)

show

☐ 보여 주다 ☐ 구하다

Please show me how to walk.

저에게 걷는 법을 보여 주세요.

walk straight

□ 옆으로 걷다   □ 똑바로 걷다

I'll teach you how to walk straight.

내가 똑바로 걷는 법을 네게 가르쳐 줄 것이다.

try to

□ ~하려 노력하다   □ 포기하다

The mom crab tried to walk straight forward.

엄마 게는 앞으로 똑바로 걸으려고 노력했다. (try의 과거는 tried)

sideways

□ 앞으로   □ 옆으로

But she could only walk sideways, like her son.

그러나 그녀는 자신의 아들처럼 단지 옆으로 걸을 수만 있었다.

step

□ 걸음, 걷다   □ 점프, 점프하다

When she stepped forward, she missed her step.

그녀가 앞으로 걸었을 때, 그녀는 자신의 걸음을 놓쳤다. (step의 과거는 stepped)

fall

□ 넘어지다   □ 날아가다

She fell on her nose.

그녀는 자신의 코앞에 넘어졌다. (fall의 과거는 fell)

The Two Crabs   문장을 연결하여 이야기를 다시 읽어요!

① One fine day, two crabs •   • from side to side."

② "Child," said the mom crab, •   • "You're right, Mom."

③ "You're twisting •   • took a walk on the sand.

④ The son crab said, •   • how to walk."

⑤ "Please show me •   • "Why do you walk so one-sided?"

① 어느 좋은 날, 두 게가 모래 위에서 산책했다. ② "얘야," 엄마 게가 말했다. "왜 너는 그렇게 한쪽으로 걷니?"
③ "너는 좌우로 비틀거리고 있어." ④ 아들 게가 "맞아요, 엄마."라고 말했다. ⑤ "저에게 걷는 법을 보여 주세요."

⑥ "OK. I'll teach you •   • to walk straight forward.

⑦ The mom crab tried •   • how to walk straight," said the mom crab.

⑧ But she could only walk •   • she missed her step.

⑨ When she stepped forward, •   • sideways, like her son.

⑩ She fell •   • on her nose.

⑥ "좋아. 내가 똑바로 걷는 법을 네게 가르쳐 줄게."라고 엄마 게가 말했다. ⑦ 엄마 게는 앞으로 똑바로 걸으려고 노력했다.
⑧ 그러나 그녀는 자신의 아들처럼 단지 옆으로 걸을 수만 있었다. ⑨ 그녀가 앞으로 걸었을 때, 그녀는 자신의 걸음을
놓쳤다. ⑩ 그녀는 자신의 코앞에 넘어졌다.

The Two Crabs

이야기를 직접 써 보아요!

①
_____

②
_____

③
_____

④
_____

⑤
_____

⑥
_____

⑦
_____

⑧
_____

⑨
_____

⑩
_____

The Ant and the Grasshopper

A family of ants was busy gathering grain.

"Play with me," said a grasshopper.

"I can't," said an ant. "I'm collecting food for winter."

"But it's summer!" the grasshopper laughed.

He kept singing songs all summer day long.

"앞날을 위해 미리 준비하기!"

현재를 즐기는 것만큼 미래를 위해 계획하고
열심히 준비하는 것도 중요해요.

이야기 듣기
따라 말하기

When winter came, the grasshopper was hungry.

The ant and his family had enough food to eat.

"I was so foolish!" the grasshopper burst into tears.

"Can I have some food?" asked the grasshopper.

The ant happily shared food with the grasshopper.

The Ant and the Grasshopper

단어들을 읽고, 주어진 문장을 써 보아요!

gather grain

☑ 곡식을 모으다　☐ 음식을 모으다

A family of ants was busy gathering grain.

➡ --

개미 가족은 곡식을 모으느라 바빴다.

play

☐ 공부하다　☐ 놀다

"Play with me," said a grasshopper.

➡ --

"나랑 놀자,"라고 베짱이는 말했다.

collect

☐ 모으다　☐ 버리다

I'm collecting food for winter.

➡ --

나는 겨울을 위해 식량을 모으고 있다.

laugh

☐ 웃다　☐ 말하다

"But it's summer!" the grasshopper laughed.

➡ --

"하지만 여름이야!" 베짱이는 웃었다.

keep

☐ 그만두다　☐ 계속하다

He kept singing songs all summer day long.

➡ --

그는 여름 내내 노래 부르는 것을 계속했다. (keep의 과거는 kept)

enough

☐ 충분한 ☐ 불충분한

The ant and his family had enough food to eat.

개미와 그의 가족은 먹을 충분한 음식이 있었다.

foolish

☐ 똑똑한 ☐ 멍청한

I was so foolish.

내가 멍청했다.

burst into

☐ 터뜨리다 ☐ 삼키다

The grasshopper burst into tears.

베짱이가 눈물을 터뜨렸다.

ask

☐ 말하다 ☐ 묻다

"Can I have some food?" asked the grasshopper.

"내가 음식을 조금 먹어도 되니?"라고 베짱이가 물었다.

share

☐ 나누다 ☐ 훔치다

The ant happily shared food with the grasshopper.

개미는 기꺼이 베짱이와 음식을 나눴다.

2 문장 연결하기

The Ant and the Grasshopper
문장을 연결하여 이야기를 다시 읽어요!

① A family of ants was •   • said a grasshopper.

② "Play with me," •   • the grasshopper laughed.

③ "I can't," said an ant, •   • singing songs all summer day long.

④ "But it's summer!" •   • busy gathering grain.

⑤ He kept •   • "I'm collecting food for winter."

① 개미 가족은 곡식을 모으느라 바빴다. ② "나랑 놀자,"라고 베짱이는 말했다. ③ "나는 할 수 없어."라고 개미가 말했다.
"나는 겨울을 위해 식량을 모으고 있어." ④ "하지만 여름이야!" 베짱이는 웃었다. ⑤ 그는 여름 내내 노래 부르는 것을 계속했다.

⑥ When winter came, •   • enough food to eat.

⑦ The ant and his family had •   • asked the grasshopper.

⑧ "I was so foolish!" •   • the grasshopper was hungry.

⑨ "Can I have some food?" •   • the grasshopper burst into tears.

⑩ The ant happily shared •   • food with the grasshopper.

⑥ 겨울이 왔을 때, 베짱이는 배고팠다. ⑦ 개미와 그의 가족은 먹을 충분한 음식이 있었다. ⑧ "내가 멍청했어!" 베짱이가
눈물을 터뜨렸다. ⑨ "내가 음식을 조금 먹어도 되니?"라고 베짱이가 물었다. ⑩ 개미는 기꺼이 베짱이와 음식을 나눴다.

The Ant and the Grasshopper

이야기를 직접 써 보아요!

① _____

_____

② _____

_____

③ _____

_____

④ _____

_____

⑤ _____

_____

⑥ _____

_____

⑦ _____

_____

⑧ _____

_____

⑨ _____

_____

⑩ _____

_____

The Greedy Dog

A greedy dog had a bone in his mouth.

The dog was crossing a bridge.

He looked down at the stream.

The water was like a mirror.

He saw another dog with a bone in his mouth.

"모두 내 거라고 욕심부린다면?"
욕심을 부려 더 많은 것을 바라다 보면
내가 가지고 있는 것마저 잃어버릴 수 있어요.

이야기 듣기
따라 말하기

'His bone looks bigger than mine.'

"Woof, woof! Give me that bone!"

When he opened his mouth, his bone fell out.

His bone was gone.

He couldn't find it ever again.

The Greedy Dog
단어들을 읽고, 주어진 문장을 써 보아요!

greedy
☑ 욕심 많은   ☐ 욕심 없는

A greedy dog had a bone in his mouth.

➡ --

욕심 많은 개는 입에 뼈가 있었다.

cross a bridge
☐ 다리가 있다   ☐ 다리를 건너다

The dog was crossing a bridge.

➡ --

그 개는 다리를 건너고 있었다. (is의 과거는 was)

look down
☐ 위를 보다   ☐ 아래를 보다

He looked down at the stream.

➡ --

그는 개울에서 아래를 바라봤다.

mirror
☐ 거울   ☐ 개울

The water was like a mirror.

➡ --

그 물은 거울 같았다.

another
☐ 둘 다, 모두   ☐ 또 하나, 다른

He saw another dog with a bone in his mouth.

➡ --

그는 입에 뼈가 있는 다른 개를 보았다.

look bigger

☐ 더 크게 보이다 ☐ 더 작게 보이다

His bone looks bigger than mine.

그의 뼈가 내 것보다 더 크게 보인다.

give

☐ 주다 ☐ 받다

Give me that bone.

내게 그 뼈를 주어라.

fall out

☐ 떨어지다 ☐ 받아들이다

His bone fell out.

그의 뼈가 떨어졌다. (fall의 과거는 fell)

be gone

☐ 사라지다 ☐ 나타나다

His bone was gone.

그의 뼈는 사라졌다.

find

☐ 잃어버리다 ☐ 찾다

He couldn't find it ever again.

그는 그것을 다시는 찾을 수 없었다.

The Greedy Dog

문장을 연결하여 이야기를 다시 읽어요!

① A greedy dog had • ---------- • a bone in his mouth.

② The dog was crossing • • at the stream.

③ He looked down • • a bridge.

④ The water was • • like a mirror.

⑤ He saw • • another dog with a bone in his mouth.

① 욕심 많은 개는 입에 뼈가 있었다. ② 그 개는 다리를 건너고 있었다. ③ 그는 개울에서 아래를 바라봤다.
④ 그 물은 거울 같았다. ⑤ 그는 입에 뼈가 있는 다른 개를 보았다.

⑥ 'His bone looks • • that bone."

⑦ "Woof, woof! Give me • • it ever again.

⑧ When he opened his mouth, • • his bone fell out.

⑨ His bone was • • bigger than mine.'

⑩ He couldn't find • • gone.

⑥ '그의 뼈가 내 것보다 더 커 보여.' ⑦ "왈, 왈! 내게 그 뼈를 줘." ⑧ 그가 입을 열었을 때 그의 뼈가 떨어졌다.
⑨ 그의 뼈는 사라졌다. ⑩ 그는 그것을 다시는 찾을 수 없었다.

The Greedy Dog

이야기를 직접 써 보아요!

① _____

_____

② _____

_____

③ _____

_____

④ _____

_____

⑤ _____

_____

⑥ _____

_____

⑦ _____

_____

⑧ _____

_____

⑨ _____

_____

⑩ _____

_____

The Frogs and the Ox

One day, a big ox came to the pond.

The baby frogs got scared.

The baby frogs ran to their mom.

They said, "Mom, we saw a huge animal today!"

이야기 듣기

따라 말하기

Mother frog puffed herself up.

"Was he as big as this?" she asked.

The baby frogs said, "No, he was much bigger!"

Mother frog wanted to be as big as the ox.

She kept puffing herself up.

She got so big that she burst.

The Frogs and the Ox

단어들을 읽고, 주어진 문장을 써 보아요!

pond

☑ 연못 ☐ 바다

One day, a big ox came to the pond.

_____

- -

_____

어느 날, 큰 황소가 연못에 왔다.

scared

☐ 기쁜 ☐ 무서운

The baby frogs got scared.

_____

- -

_____

아기 개구리들은 무서워졌다. (get의 과거는 got)

run

☐ 걷다 ☐ 달리다

The baby frogs ran to their mom.

_____

- -

_____

아기 개구리들은 그들의 엄마에게 달려갔다. (run의 과거는 ran)

huge

☐ 거대한 ☐ 작은

Mom, we saw a huge animal today!

_____

- -

_____

엄마, 우리가 오늘 거대한 동물을 봤어요!

puff up

☐ 부풀리다 ☐ 계속하다

Mother frog puffed herself up.

_____

- -

_____

엄마 개구리는 자신을 부풀렸다.

as big as

□ ~만큼 큰   □ ~만큼 작은

Was he as big as this?

그가 이것만큼 컸었니?

much

□ 훨씬 덜   □ 훨씬 더

He was much bigger!

그가 훨씬 더 컸어요!

want to

□ ~하기를 원하다   □ ~하기를 싫어하다

Mother frog wanted to be as big as the ox.

엄마 개구리는 황소만큼 크기를 원했다.

herself

□ 그녀 자신   □ 우리 자신

She kept puffing herself up.

그녀는 자신을 계속 부풀렸다. (keep의 과거는 kept)

so big that ~

□ 너무 작아서 ~하다   □ 너무 커서 ~하다

She got so big that she burst.

그녀는 너무 커져서 터져 버렸다.

2
문장
연결하기

The Frogs and the Ox   문장을 연결하여 이야기를 다시 읽어요!

① One day, a big ox came •   • scared.

② The baby frogs got •   • to their mom.

③ The baby frogs ran •   • to the pond.

④ They said, "Mom, •   • herself up.

⑤ Mother frog puffed •   • we saw a huge animal today!"

① 어느 날, 큰 황소가 연못에 왔다. ② 아기 개구리들은 무서워졌다. ③ 아기 개구리들은 그들의 엄마에게 달려갔다.
④ 그들은 "엄마, 우리가 오늘 거대한 동물을 봤어요!"라고 말했다. ⑤ 엄마 개구리는 자신을 부풀렸다.

⑥ "Was he as big •   • puffing herself up.

⑦ The baby frogs said, •   • that she burst.

⑧ Mother frog wanted •   • to be as big as the ox.

⑨ She kept •   • as this?" she asked.

⑩ She got so big •   • "No, he was much bigger!"

⑥ "그가 이것만큼 컸었니?"라고 그녀는 물었다. ⑦ 아기 개구리들이 "아니요, 그가 훨씬 더 컸어요!"라고 말했다.
⑧ 엄마 개구리는 황소만큼 크기를 원했다. ⑨ 그녀는 자신을 계속 부풀렸다. ⑩ 그녀는 너무 커져서 터져 버렸다.

44

The Frogs and the Ox

이야기를 직접 써 보아요!

① _____

_____

② _____

_____

③ _____

_____

④ _____

_____

⑤ _____

_____

⑥ _____

_____

⑦ _____

_____

⑧ _____

_____

⑨ _____

_____

⑩ _____

_____

The Donkey in the Lion's Skin

A donkey found a lion's skin.

He wanted to scare the other animals.

So he put on the lion's skin and

walked around the forest.

Other animals saw him and ran away.

The donkey had a lot of fun.

"진짜 너를 보여 줘!"

다른 사람을 따라 한다고 그 모습이
진짜 나의 모습이 될 수 있을까요?

이야기 듣기
따라 말하기

The donkey met a fox and acted like a lion.

"I'm the king of the forest!" the donkey roared.

But the donkey's voice sounded strange to the fox.

He came close to the donkey and said, "You may

look like a lion, but you sound like a donkey."

When the other animals heard this, they screamed,

"You fooled us!"

The Donkey in the Lion's Skin
단어들을 읽고, 주어진 문장을 써 보아요!

skin
☑ 가죽, 피부　☐ 뼈, 골격

A donkey found a lion's skin.

당나귀가 사자의 가죽을 발견했다. (find의 과거는 found)

scare
☐ 기쁘게 하다　☐ 무섭게 하다

He wanted to scare the other animals.

그는 다른 동물들을 무섭게 하고 싶었다.

put on
☐ 벗다　☐ 입다

So he put on the lion's skin.

그래서 그는 사자의 가죽을 입었다.

forest
☐ 나무　☐ 숲

He walked around the forest.

그는 숲 주변을 걸었다.

have fun
☐ 재미있다　☐ 지루하다

The donkey had a lot of fun.

당나귀는 너무 재밌었다. (have의 과거는 had)

act like

☐ ~처럼 보이다　☐ ~처럼 행동하다

The donkey acted like a lion.

당나귀는 사자처럼 행동했다.

roar

☐ 포효하다　☐ 공격하다

"I'm the king of the forest!" the donkey roared.

"내가 숲속의 왕이다!"라고 당나귀가 포효했다.

sound

☐ 들리다　☐ 듣다

The donkey's voice sounded strange to the fox.

당나귀의 목소리는 여우에게 이상하게 들렸다.

look like

☐ ~처럼 보이다　☐ ~처럼 행동하다

You may look like a lion.

너는 사자처럼 보일지 모르겠다.

fool

☐ 속이다　☐ 우습다

You fooled us!

너는 우리를 속였다!

49

The Donkey in the Lion's Skin

문장을 연결하여 이야기를 다시 읽어요!

① A donkey found • - - - - - - - - - - • a lion's skin.

② He wanted •   • him and ran away.

③ So he put on •   • to scare the other animals.

④ Other animals saw •   • a lot of fun.

⑤ The donkey had •   • the lion's skin and walked around the forest.

① 당나귀가 사자의 가죽을 발견했다. ② 그는 다른 동물들을 무섭게 하고 싶었다. ③ 그래서 그는 사자의 가죽을 입고 숲 주변을 걸었다. ④ 다른 동물들이 그를 보고 도망갔다. ⑤ 당나귀는 너무 재밌었다.

⑥ The donkey met •   • strange to the fox.

⑦ "I'm the king •   • of the forest!" the donkey roared.

⑧ But the donkey's voice sounded •   • they screamed, "You fooled us!"

⑨ He came close to the donkey and said, •   • a fox and acted like a lion.

⑩ When the other animals heard this, •   • "You may look like a lion, but you sound like a donkey."

⑥ 당나귀는 여우를 만나서 사자처럼 행동했다. ⑦ "내가 숲속의 왕이다!"라고 당나귀가 포효했다. ⑧ 하지만 당나귀의 목소리는 여우에게 이상하게 들렸다. ⑨ 그는 당나귀에게 가까이 다가가 "너는 사자처럼 보일지 모르겠지만 너는 당나귀처럼 들린다."라고 말했다. ⑩ 다른 동물들이 이것을 들었을 때 그들은 "너는 우리를 속였어!"라고 소리쳤다.

The Donkey in the Lion's Skin

이야기를 직접 써 보아요!

①

②

③

④

⑤

⑥

⑦

⑧

⑨

⑩

The Fox and the Crow

DAY
8

월
일

A crow had a piece of cheese in her mouth.

A hungry fox wanted the cheese.

"Oh, you have such beautiful feathers!

You must have a lovely voice, too.

Can you sing for me?" said the fox.

52

이야기 듣기
따라 말하기

The crow felt very proud.

She opened her beak to sing.

The cheese dropped and fell into the mouth of

the fox.

He swallowed it in one gulp.

"Silly crow! You have the worst voice.

Goodbye, foolish bird."

The Fox and the Crow
단어들을 읽고, 주어진 문장을 써 보아요!

a piece of
☑ ~의 한 조각   □ ~의 모두

A crow had a piece of cheese in her mouth.

➡

까마귀는 그녀의 입에 치즈 한 조각이 있었다.

hungry
□ 배부른   □ 배고픈

A hungry fox wanted the cheese.

➡

배고픈 여우는 그 치즈를 원했다.

feather
□ 날개   □ 깃털

Oh, you have such beautiful feathers!

➡

오, 너는 정말 아름다운 깃털을 가지고 있구나!

must
□ ~임에 틀림없다   □ ~일 수 없다

You must have a lovely voice, too.

➡

너는 또한 사랑스런 목소리를 갖고 있는 게 틀림없다.

proud

□ 자랑스러운 □ 불충분한

The crow felt very proud.

_____

- -

_____

까마귀는 정말 자랑스럽게 느꼈다. (feel의 과거는 felt)

beak

□ 입 □ 부리

She opened her beak to sing.

_____

- -

_____

그녀는 노래하기 위해 부리를 열었다.

swallow

□ 마시다 □ 삼키다

He swallowed it in one gulp.

_____

- -

_____

그는 한입에 그것을 삼켰다.

worst

□ 가장 좋은 □ 가장 나쁜

You have the worst voice.

_____

- -

_____

너는 가장 나쁜 목소리를 가졌다.

The Fox and the Crow

문장을 연결하여 이야기를 다시 읽어요!

① A crow had • • the cheese.

② A hungry fox wanted • • such beautiful feathers!"

③ "Oh, you have • • a piece of cheese in her mouth.

④ "You must have • • a lovely voice, too."

⑤ "Can you sing • • for me?" said the fox.

① 까마귀는 그녀의 입에 치즈 한 조각이 있었다. ② 배고픈 여우는 그 치즈를 원했다. ③ "오, 너는 정말 아름다운 깃털을 가지고 있구나!" ④ "너는 또한 사랑스런 목소리를 갖고 있는 게 틀림없어." ⑤ "네가 나를 위해 노래를 불러 줄 수 있니?"라고 여우가 말했다.

⑥ The crow felt • • very proud.

⑦ She opened • • it in one gulp.

⑧ The cheese dropped • • her beak to sing.

⑨ He swallowed • • the worst voice. Goodbye, foolish bird."

⑩ "Silly crow! You have • • and fell into the mouth of the fox.

⑥ 까마귀는 정말 자랑스럽게 느꼈다. ⑦ 그녀는 노래하기 위해 부리를 열었다. ⑧ 치즈가 떨어지고 여우의 입으로 떨어졌다. ⑨ 그는 한입에 그것을 삼켰다. ⑩ "바보 까마귀야! 너는 가장 나쁜 목소리를 가졌어. 안녕, 바보 새야."

The Fox and the Crow

이야기를 직접 써 보아요!

① _____

_____

② _____

_____

③ _____

_____

④ _____

_____

⑤ _____

_____

⑥ _____

_____

⑦ _____

_____

⑧ _____

_____

⑨ _____

_____

⑩ _____

_____

The Bat and the Weasels

A bat fell to the ground and a weasel caught him.

"I hate all kinds of mice. I am going to eat you!"

"But I am not a mouse," cried the bat.

"Look at my wings. I am a bird!"

The weasel let him go.

"나에겐 다양한 모습이 있어!"

할머니 앞에서는 귀여운 손자지만
동생 앞에서는 형으로써 의젓하게 행동해야겠죠?

이야기 듣기
따라 말하기

A few days later, the foolish bat fell to the ground again.

Another weasel soon had the bat under his claws.

"I am going to eat you, bird!"

"What?" cried the bat. "All birds have feathers and I do not! I am only a mouse."

The weasel didn't want to eat a mouse so the bat escaped again.

59

The Bat and the Weasels
단어들을 읽고, 주어진 문장을 써 보아요!

catch
☑ 잡다 □ 놓치다

A weasel caught him.

➡ --

족제비가 그를 잡았다. (catch의 과거는 caught)

all kinds of
□ ~의 한 종류 □ ~의 모든 종류

I hate all kinds of mice.

➡ --

나는 모든 종류의 쥐들을 싫어한다. (mouse의 복수형은 mice)

mouse
□ 쥐 □ 새

But I am not a mouse.

➡ --

하지만 나는 쥐가 아니다.

wing
□ 날개 □ 깃털

Look at my wings.

➡ --

내 날개를 보아라.

let him go

□ 그를 가게 하다   □ 그를 놀게 하다

The weasel let him go.

족제비는 그를 가게 해 주었다.

ground

□ 땅   □ 하늘

The foolish bat fell to the ground again.

그 멍청한 박쥐는 다시 땅에 떨어졌다.

claw

□ 손톱   □ 발톱

Another weasel soon had the bat under his claws.

다른 족제비가 곧 그의 발톱 아래에 박쥐를 잡았다.

escape

□ 탈출하다   □ 돌아가다

The bat escaped again.

박쥐는 다시 탈출했다.

The Bat and the Weasels

문장을 연결하여 이야기를 다시 읽어요!

① A bat fell • • him go.

② "I hate • • a mouse," cried the bat.

③ "But I am not • • my wings. I am a bird!"

④ "Look at • • all kinds of mice. I am going to eat you!"

⑤ The weasel let • • to the ground and a weasel caught him.

① 박쥐가 땅에 떨어졌고 족제비가 그를 잡았다. ② "나는 모든 종류의 쥐들을 싫어해. 나는 너를 먹을 거야!"
③ "하지만 나는 쥐가 아니야."라고 박쥐가 소리쳤다. ④ "내 날개를 봐. 나는 새야." ⑤ 족제비는 그를 가게 해 줬다.

⑥ A few days later, the foolish bat • • the bat under his claws.

⑦ Another weasel soon had • • fell to the ground again.

⑧ "I am going to • • to eat a mouse so the bat escaped again.

⑨ "All birds have feathers • • eat you, bird!"

⑩ The weasel didn't want • • and I do not! I am only a mouse."

⑥ 며칠 후에 그 멍청한 박쥐는 다시 땅에 떨어졌다. ⑦ 다른 족제비가 곧 그의 발톱 아래에 박쥐를 잡았다. ⑧ "나는 새인
너를 먹을 거야." ⑨ "모든 새들은 깃털이 있고 나는 없어. 나는 단지 쥐일 뿐이야." ⑩ 족제비는 쥐를 먹고 싶지 않았고
박쥐는 다시 탈출했다.

①
_____

②
_____

③
_____

④
_____

⑤
_____

⑥
_____

⑦
_____

⑧
_____

⑨
_____

⑩
_____

Two Friends and the Bear

Two friends were walking together in the forest.

Suddenly, they saw a big bear.

One friend climbed up a tree.

The other friend lay down on the ground.

He pretended to be dead.

64

"어려울 때 돕는 게 진정한 우정!"

진정한 친구라면 즐거울 때도 함께지만
어려울 때도 서로 도울 수 있어야 해요.

이야기 듣기
따라 말하기

The bear sniffed him and whispered in his ear.

After the bear was gone, the friend in the tree

came down.

"What did he whisper in your ear?" he asked.

"He told me not to trust a friend who leaves

you in danger." answered the other.

Two Friends and the Bear
단어들을 읽고, 주어진 문장을 써 보아요!

together
☑ 함께 ☐ 따로

Two friends were walking together in the forest.

두 친구는 함께 숲속에서 걷고 있었다. (are의 과거는 were)

suddenly
☐ 갑자기 ☐ 여전히

Suddenly, they saw a big bear.

갑자기 그들은 큰 곰을 보았다.

climb up
☐ 내리다 ☐ 오르다

One friend climbed up a tree.

한 친구는 나무에 올랐다.

lie down
☐ 눕다 ☐ 일어서다

The other friend lay down on the ground.

다른 친구는 땅에 누웠다. (lie의 과거는 lay)

pretend
☐ ~인 척하다 ☐ 계속하다

He pretended to be dead.

그는 죽은 척했다.

sniff
☐ 맛을 보다　☐ 냄새를 킁킁 맡다

The bear sniffed him.

곰은 그의 냄새를 킁킁 맡았다.

whisper
☐ 속삭이다　☐ 듣다

He whispered in his ear.

그는 그의 귀에 속삭였다.

come down
☐ 내려오다　☐ 올라가다

The friend in the tree came down.

나무에 있던 친구가 내려왔다. (come의 과거는 came)

trust
☐ 속이다　☐ 믿다

He told me not to trust a friend.

그는 나에게 친구를 믿지 말라고 말했다. (tell의 과거는 told)

in danger
☐ 어려움에　☐ 위험에

Don't trust a friend who leaves you in danger.

너를 위험에 두는 친구를 믿지 말아라.

Two Friends and the Bear

문장을 연결하여 이야기를 다시 읽어요!

① Two friends were walking •   • a big bear.

② Suddenly, they saw •   • up a tree.

③ One friend climbed •   • together in the forest.

④ The other friend lay down •   • on the ground.

⑤ He pretended •   • to be dead.

① 두 친구는 함께 숲속에서 걷고 있었다. ② 갑자기 그들은 큰 곰을 보았다. ③ 한 친구는 나무에 올랐다.
④ 다른 친구는 땅에 누웠다. ⑤ 그는 죽은 척했다.

⑥ The bear sniffed •   • in your ear?" he asked.

⑦ After the bear was gone, •   • him and whispered in his ear.

    • the friend in the tree came down.

⑧ "What did he whisper •

⑨ "He told me •   • not to trust a friend who leaves you in danger." answered the other.

⑥ 곰은 그의 냄새를 킁킁 맡았고 그의 귀에 속삭였다. ⑦ 곰이 간 후에 나무에 있던 친구가 내려왔다. ⑧ "그가
네 귀에 뭐라고 속삭였니?"라고 그가 물었다. ⑨ "그는 나에게 너를 위험에 두는 친구를 믿지 말라고 말했어."라고
다른 친구가 답했다.

Two Friends and the Bear

이야기를 직접 써 보아요!

① _____

② _____

③ _____

④ _____

⑤ _____

⑥ _____

⑦ _____

⑧ _____

⑨ _____

_____

The Shepherd Boy and the Wolf

A young boy watched sheep from morning until evening.

Every day was the same.

He was bored so he called out to the villagers.

"Wolf, wolf!"

The villagers heard the cry and ran to help.

"양치기 소년은 거짓말쟁이!"

아무리 사실을 말해도 이전에 한 거짓말 때문에
믿음을 얻지 못하는 사람을 '양치기 소년'이라고 해요.

이야기 듣기
따라 말하기

Of course, there was no wolf.

The next day, he played the same trick again.

The villagers were angry, but the boy just laughed.

Later, a real wolf came.

The boy shouted, "Wolf, wolf!"

But this time, the villagers didn't come.

The Shepherd Boy and the Wolf
단어들을 읽고, 주어진 문장을 써 보아요!

watch
☑ 지켜보다 ☐ 돌보다

He watched sheep from morning until evening.

➡ --

그는 아침부터 저녁까지 양을 지켜봤다.

same
☐ 같은 ☐ 다른

Every day was the same.

➡ --

매일이 똑같았다.

bored
☐ 놀란 ☐ 지루한

He was bored.

➡ --

그는 지루했다.

villager
☐ 도시 사람 ☐ 마을 주민

He called out to the villagers.

➡ --

그는 마을 주민에게 소리쳤다.

hear
☐ 듣다 ☐ 울다

The villagers heard the cry and ran to help.

➡ --

마을 주민들은 그 울부짖음을 듣고 도와주기 위해 달렸다. (hear의 과거는 heard)

there is no
☐ 있다 ☐ 없다

Of course, there was no wolf.

_____

물론, 늑대는 없었다. (is의 과거는 was)

laugh
☐ 웃다 ☐ 울다

The boy just laughed.

_____

그 소년은 그냥 웃었다.

trick
☐ 속임수 ☐ 마술

He played the same trick again.

_____

그는 똑같은 속임수를 다시 부렸다.

real
☐ 진짜 ☐ 가짜

Later, a real wolf came.

_____

나중에 진짜 늑대가 왔다.

shout
☐ 노래하다 ☐ 소리치다

The boy shouted, "Wolf, wolf!"

_____

그 소년은 "늑대야, 늑대야!"라고 소리쳤다.

The Shepherd Boy and the Wolf

문장을 연결하여 이야기를 다시 읽어요!

① A young boy watched   •   •   no wolf.

② Every day was   •   •   the cry and ran to help.

③ He was bored   •   •   the same.

④ The villagers heard   •   •   so called out to the villagers, "Wolf, wolf!"

⑤ Of course, there was   •   •   sheep from morning until evening.

① 소년은 아침부터 저녁까지 양을 지켜봤다. ② 매일이 똑같았다. ③ 그는 지루해서 마을 주민에게 소리쳤다. "늑대야, 늑대!" ④ 마을 주민들은 그 울부짖음을 듣고 도와주기 위해 달렸다. ⑤ 물론, 늑대는 없었다.

⑥ The next day, he played   •   •   came.

⑦ The villagers were   •   •   "Wolf, wolf!"

⑧ Later, a real wolf   •   •   didn't come.

⑨ The boy shouted,   •   •   the same trick again.

⑩ But this time, the villagers   •   •   angry, but the boy just laughed.

⑥ 다음 날, 그는 똑같은 속임수를 다시 부렸다. ⑦ 마을 주민들은 화가 났지만 그 소년은 그냥 웃었다. ⑧ 나중에 진짜 늑대가 왔다. ⑨ 그 소년은 "늑대야, 늑대야!"라고 소리쳤다. ⑩ 하지만 이번엔 마을 주민들은 오지 않았다.

The Shepherd Boy and the Wolf   이야기를 직접 써 보아요!

① _____

_____

② _____

_____

③ _____

_____

④ _____

_____

⑤ _____

_____

⑥ _____

_____

⑦ _____

_____

⑧ _____

_____

⑨ _____

_____

⑩ _____

_____

The Wind and the Sun

The wind and the sun were old friends.

One day, they began to argue.

"I'm stronger than you," said the wind.

"We should have a contest," said the sun.

"See that man? Can you take his coat off?"

"나를 따르라? 아니, 나와 함께해 줘!"

나를 따르라고 강요하기보다는
따뜻한 친절로 사람의 마음을 움직여요.

이야기 듣기
따라 말하기

The wind blew so hard, but the man held his coat
tightly.

Then, the sun came out and warmed the air.

The man unbuttoned his coat.

"How did you do that?" said the wind.

"It was easy," said the sun, "I shared my warmth."

The Wind and the Sun
단어들을 읽고, 주어진 문장을 써 보아요!

old
☑ 오래된 ☐ 새로운

The wind and the sun were old friends.

바람과 태양은 오래된 친구였다.

argue
☐ 말하다 ☐ 다투다

One day, they began to argue.

어느 날, 그들은 다투기 시작했다. (begin의 과거는 began)

stronger
☐ 더 약한 ☐ 더 강한

"I'm stronger than you," said the wind.

"내가 너보다 더 강해." 라고 바람이 말했다.

contest
☐ 시합 ☐ 축제

We should have a contest.

우리는 시합을 해야겠다.

take off
☐ 입히다 ☐ 벗기다

Can you take his coat off?

너는 그의 코트를 벗길 수 있니?

blow
□ 불다 □ 호흡하다

The wind blew so hard.

바람이 매우 세게 불었다. (blow의 과거는 blew)

hold
□ 놓치다 □ 잡다

The man held his coat tightly.

그 남자는 단단하게 그의 코트를 잡았다. (hold의 과거는 held)

warm
□ 데우다 □ 끓이다

Then, the sun came out and warmed the air.

그리고 나서, 태양이 나와서 공기를 데웠다.

unbutton
□ 단추를 채우다 □ 단추를 풀다

The man unbuttoned his coat.

그 남자는 그의 코트의 단추를 풀었다.

warmth
□ 온기 □ 추위

I shared my warmth.

나는 나의 온기를 나눴다.

The Wind and the Sun

문장을 연결하여 이야기를 다시 읽어요!

① The wind and the sun were • • to argue.

• old friends.

② One day, they began • • a contest," said the sun.

③ "I'm stronger • • Can you take his coat off?"

④ "We should have •

⑤ "See that man? • • than you," said the wind.

① 바람과 태양은 오래된 친구였다. ② 어느 날, 그들은 다투기 시작했다. ③ "내가 너보다 더 강해."라고 바람이 말했다. ④ "우리는 시합을 해야겠다."라고 태양이 말했다. ⑤ "저 남자 보여? 너는 그의 코트를 벗길 수 있니?"

⑥ The wind blew • • and warmed the air.

⑦ Then, the sun came out • • his coat.

⑧ The man unbuttoned • • so hard, but the man held his coat tightly.

⑨ "How did you • • said the sun, "I shared my warmth."

⑩ "It was easy," • • do that?" said the wind.

⑥ 바람이 매우 세게 불었지만 그 남자는 단단하게 그의 코트를 잡았다. ⑦ 그리고 나서, 태양이 나와서 공기를 데웠다. ⑧ 그 남자는 그의 코트의 단추를 풀었다. ⑨ "너는 어떻게 했니?"라고 바람이 말했다. ⑩ "그것은 쉬웠어. 나는 나의 온기를 나눴어."라고 태양이 말했다.

The Wind and the Sun

이야기를 직접 써 보아요!

① _____

② _____

③ _____

④ _____

⑤ _____

⑥ _____

⑦ _____

⑧ _____

⑨ _____

⑩ _____

The Wolf and the Crane

One day, a wolf was eating quickly.

A bone got stuck in his throat.

He couldn't get it out.

The wolf asked a crane for help.

"Please help me! And I will reward you."

82

"늑대의 말을 믿으면 안 돼!"

나쁜 사람이 달콤하게 말하는 보상이나 약속을
함부로 믿는 건 위험하겠죠?

이야기 듣기
따라 말하기

The crane put her head in the wolf's throat.

She pulled out the bone with her long neck.

She asked, "Can I have my reward now?"

The wolf laughed, "You already have your reward.

I didn't bite when you put your neck in my mouth!"

The Wolf and the Crane
단어들을 읽고, 주어진 문장을 써 보아요!

quickly
☑ 빠르게 ☐ 느리게

One day, a wolf was eating quickly.

➡ --

어느 날, 늑대가 빠르게 먹고 있었다.

stuck
☐ 풀린 ☐ 갇힌, 꼼짝하지 않는

A bone got stuck in his throat.

➡ --

뼈가 그의 목에서 꼼짝하지 않았다.

get out
☐ 꺼내다 ☐ 집어넣다

He couldn't get it out.

➡ --

그는 그것을 꺼낼 수 없었다.

help
☐ 도움 ☐ 치료

The wolf asked a crane for help.

➡ --

늑대는 두루미에게 도움을 청했다.

reward
☐ 보상하다 ☐ 빌리다

I will reward you.

➡ --

내가 너에게 보상해 줄 것이다.

84

throat

☐ 목구멍 ☐ 목소리

The crane put her head in the wolf's throat.

두루미는 늑대의 목구멍에 자신의 머리를 넣었다.

pull out

☐ 집어넣다 ☐ 끌어내다

She pulled out the bone with her long neck.

그녀는 자신의 긴 목으로 그 뼈를 끌어냈다.

reward

☐ 보상 ☐ 금액

Can I have my reward now?

내가 이제 내 보상을 가져도 되니?

already

☐ 아직 ☐ 이미

You already have your reward.

너는 이미 네 보상을 가졌다.

put

☐ 넣다 ☐ 꺼내다

I didn't bite when you put your neck in my mouth!

네가 내 입에 네 목을 넣을 때 나는 물지 않았다!

The Wolf and the Crane

문장을 연결하여 이야기를 다시 읽어요!

① One day, a wolf was •   • in his throat.

② A bone got stuck •   • eating quickly.

③ He couldn't •   • a crane for help.

④ The wolf asked •   • get it out.

⑤ "Please help me! •   • And I will reward you."

① 어느 날, 늑대가 빠르게 먹고 있었다. ② 뼈가 그의 목에서 꼼짝하지 않았다. ③ 그는 그것을 꺼낼 수 없었다.
④ 늑대는 두루미에게 도움을 청했다. ⑤ "제발 나를 도와줘! 그러면 내가 너에게 보상해 줄게."

⑥ The crane put •   • her head in the wolf's throat.

⑦ She pulled out •   • "You already have your reward."

⑧ She asked, •   • "Can I have my reward now?"

⑨ The wolf laughed, •   • when you put your neck in my mouth!"

⑩ "I didn't bite •   • the bone with her long neck.

⑥ 두루미는 늑대의 목구멍에 자신의 머리를 넣었다. ⑦ 그녀는 자신의 긴 목으로 그 뼈를 끌어냈다. ⑧ "내가 이제
내 보상을 가져도 되니?"라고 그녀가 물었다. ⑨ 늑대는 웃었다. "너는 이미 네 보상을 가졌어." ⑩ "네가 내 입에
네 목을 넣을 때 나는 물지 않았어!"

The Wolf and the Crane

이야기를 직접 써 보아요!

①
_____

②
_____

③
_____

④
_____

⑤
_____

⑥
_____

⑦
_____

⑧
_____

⑨
_____

⑩
_____

월

일

DAY
14

The Frogs Pick a King

The frogs in the lake asked Zeus for a king.

Zeus sent a big log, "This is your king."

The frogs were afraid of the log at first.

But they got to know it wasn't a king.

"Send us a real king," the frogs prayed again.

"내가 진짜 원하는 건 무엇일까?"

무조건 더 좋은 것만 기대하고 바라기 전에
그 결과를 곰곰이 생각해 보고 신중하게 행동해요.

■ 이야기 듣기
■ 따라 말하기

This time, Zeus sent a big crane.

The frogs went happily to meet him.

But the crane caught and ate the frogs!

"You wanted a real king and I gave you a real one."

In the end, there were no frogs left in the lake.

The Frogs Pick a King

단어들을 읽고, 주어진 문장을 써 보아요!

lake

☑ 호수 ☐ 대양, 바다

The frogs in the lake asked Zeus for a king.

➡ _____

호수의 개구리들은 제우스에게 왕을 요청했다.

send

☐ 주다 ☐ 보내다

Zeus sent a big log.

➡ _____

제우스는 큰 통나무를 보냈다. (send의 과거는 sent)

afraid

☐ 두려운 ☐ 행복한

The frogs were afraid of the log at first.

➡ _____

그 개구리들은 처음에 그 통나무를 두려워했다.

know

☐ 알다 ☐ 모르다

They got to know it wasn't a king.

➡ _____

그들은 그것이 왕이 아니라는 것을 알게 되었다.

pray

☐ 원하다 ☐ 기도하다

The frogs prayed again.

➡ _____

그 개구리들을 다시 기도했다.

meet

□ 만나다 □ 정하다

The frogs went happily to meet him.

그 개구리들은 행복하게 가서 그를 만났다. (go의 과거는 went)

eat

□ 놓치다 □ 잡다

But the crane caught and ate the frogs!

하지만 두루미는 개구리들을 잡아서 먹었다! (eat의 과거는 ate)

give

□ 주다 □ 보내다

I gave you a real one.

나는 너희들에게 진짜를 주었다. (give의 과거는 gave)

in the end

□ 결국 □ 하지만

In the end, there were no frogs.

결국, 개구리는 없었다.

left

□ 없어진 □ 남아 있는

There were no frogs left in the lake.

호수에 남아 있는 개구리는 없었다.

The Frogs Pick a King

문장을 연결하여 이야기를 다시 읽어요!

① The frogs in the lake asked •

② Zeus sent •

③ The frogs were •

④ But they got to know •

⑤ "Send us •

• afraid of the log at first.

• it wasn't a king.

• Zeus for a king.

• a real king," the frogs prayed again.

• a big log, "This is your king."

① 호수의 개구리들은 제우스에게 왕을 요청했다. ② 제우스는 큰 통나무를 보냈다. "이것이 너희들의 왕이다."
③ 그 개구리들은 처음에 그 통나무를 두려워했다. ④ 그러나 그들은 그것이 왕이 아니라는 것을 알게 되었다.
⑤ "진짜 왕을 보내 주세요." 그 개구리들은 다시 기도했다.

⑥ This time, Zeus sent •

⑦ The frogs went •

⑧ But the crane caught •

⑨ "You wanted •

⑩ In the end, there were •

• a big crane.

• and ate the frogs!

• no frogs left in the lake.

• happily to meet him.

• a real king and I gave you a real one."

⑥ 이번에는 제우스가 큰 두루미를 보냈다. ⑦ 그 개구리들은 행복하게 가서 그를 만났다. ⑧ 하지만 두루미는
개구리들을 잡아서 먹었다! ⑨ "너희들은 진짜 왕을 원했고 나는 너희들에게 진짜를 주었다." ⑩ 결국, 호수에
남아 있는 개구리는 없었다.

The Frogs Pick a King   이야기를 직접 써 보아요!

① _____

② _____

③ _____

④ _____

⑤ _____

⑥ _____

⑦ _____

⑧ _____

⑨ _____

⑩ _____

The Donkey and the Salt

월

일

DAY
15

A donkey carried heavy salt bags on his back.

One day, the donkey suddenly tumbled down into

the stream.

The salt bags also fell into the water.

The salt melted and the bags were much lighter.

It made the donkey very happy.

94

"속임수는 No! 정직하게 행동하자!"

잠깐의 속임수로 해야 할 일을 미룬다면
나중에 더 큰일로 돌아올 수 있어요.

이야기 듣기
따라 말하기

The donkey played the same trick every day.

The angry owner filled the bags with sponges.

The donkey didn't know that and fell again.

When the sponges got wet, they became heavy.

The donkey had to carry the heavy, wet sponges.

The Donkey and the Salt
단어들을 읽고, 주어진 문장을 써 보아요!

carry
☑ 나르다 ☐ 던지다

A donkey carried heavy salt bags on his back.

➡ --

당나귀는 자신의 등에 무거운 소금 자루를 날랐다. (carry의 과거는 carried)

tumble down
☐ 넘기다 ☐ 굴러떨어지다

The donkey suddenly tumbled down into the stream.

➡ --

당나귀는 갑자기 개울가에 굴러떨어졌다.

salt
☐ 소금 ☐ 설탕

The salt bags also fell into the water.

➡ --

소금 자루도 물속에 떨어졌다.

melt
☐ 얼다 ☐ 녹다

The salt melted and the bags were much lighter.

➡ --

소금은 녹았고 자루는 훨씬 가벼워졌다.

make
☐ ~하게 만들다 ☐ ~를 하다

It made the donkey very happy.

➡ --

그것은 당나귀를 무척 기쁘게 만들었다. (make의 과거는 made)

play a trick

□ 장난을 치다 □ 열심히 하다

The donkey played the same trick every day.

당나귀는 매일 같은 장난을 쳤다.

owner

□ 주민 □ 주인

The angry owner filled the bags with sponges.

화가 난 주인은 스펀지로 자루를 채웠다.

fill

□ 채우다 □ 비우다

The angry owner filled the bags with sponges.

화가 난 주인은 스펀지로 자루를 채웠다.

wet

□ 건조한 □ 젖은

When the sponges got wet, they became heavy.

그 스펀지가 젖게 되자 그것은 무거워졌다.

have to

□ 가지고 있다 □ 해야 한다

The donkey had to carry the heavy, wet sponges.

당나귀는 무겁고 젖은 스펀지를 날라야 했다. (have의 과거는 had)

The Donkey and the Salt
문장을 연결하여 이야기를 다시 읽어요!

① A donkey carried

② One day, the donkey suddenly tumbled

③ The salt bags also fell

④ The salt melted

⑤ It made

into the water.

the donkey very happy.

heavy salt bags on his back.

down into the stream.

and the bags were much lighter.

① 당나귀는 자신의 등에 무거운 소금 자루를 날랐다. ② 어느 날, 당나귀는 갑자기 개울가에 굴러떨어졌다. ③ 소금 자루도 물속에 떨어졌다. ④ 소금은 녹았고 자루는 훨씬 가벼워졌다. ⑤ 그것은 당나귀를 무척 기쁘게 만들었다.

⑥ The donkey played

⑦ The angry owner filled

⑧ The donkey didn't know

⑧ When the sponges got wet,

⑩ The donkey had to carry

the bags with sponges.

the same trick every day.

that and fell again.

the heavy, wet sponges.

they became heavy.

⑥ 당나귀는 매일 같은 장난을 쳤다. ⑦ 화가 난 주인은 스펀지로 자루를 채웠다. ⑧ 당나귀는 그것을 모르고 다시 쓰러졌다. ⑨ 그 스펀지가 젖자 그것은 무거워졌다. ⑩ 당나귀는 무겁고 젖은 스펀지를 날라야 했다.

The Donkey and the Salt

이야기를 직접 써 보아요!

①
_____

②
_____

③
_____

④
_____

⑤
_____

⑥
_____

⑦
_____

⑧
_____

⑨
_____

⑩
_____

The Town Mouse and the Country Mouse

A city mouse visited his cousin in the country.

The country mouse served simple food like beans and roots.

After the meal, they talked about the wonderful life in the city.

The country mouse dreamed of the lovely city.

He was glad to go to the city mouse's house.

"조용한 게 좋다고? 나랑 다르네!"

축구를 좋아하는 나는 운동장, 책을 좋아하는 친구는 도서관,
각자 행복한 공간이 다를 수 있어요!

이야기 듣기
따라 말하기

There, they found cakes and cheese and were
eating up.

At that moment, a cat jumped on the table.

The mice had to run and hide.

The country mouse was very shocked.

"Your food is tasty, but it is too dangerous here.

I miss the country."

The Town Mouse and the Country Mouse
단어들을 읽고, 주어진 문장을 써 보아요!

visit
☑ 방문하다 ☐ 떠나다

A city mouse visited his cousin in the country.

➡ --

도시 쥐가 시골에 있는 그의 사촌을 방문했다.

serve
☐ 먹이다 ☐ 제공하다

He served simple food.

➡ --

그는 간단한 음식을 제공했다.

root
☐ 콩 ☐ 뿌리

He served simple food like beans and roots.

➡ --

그는 콩이나 뿌리 같은 간단한 음식을 제공했다.

wonderful
☐ 멋진 ☐ 부유한

They talked about the wonderful life in the city.

➡ --

그들은 도시의 멋진 생활에 대해 말했다.

country
☐ 도시 ☐ 시골

The country mouse dreamed of the lovely city.

➡ --

시골 쥐는 멋진 도시를 꿈꿨다.

moment

☐ 순간　☐ 시간

At that moment, a cat jumped on the table.

그 순간, 고양이가 탁자 위로 올라왔다.

hide

☐ 숨다　☐ 도망치다

The mice had to run and hide.

쥐들은 도망가고 숨어야 했다.

shocked

☐ 신나는　☐ 충격받은

The country mouse was very shocked.

시골 쥐는 너무 충격이었다.

dangerous

☐ 위험한　☐ 안전한

Your food is tasty, but it is too dangerous here.

네 음식은 맛있지만 여긴 너무 위험하다.

miss

☐ 그리워하다　☐ 늦어지다

I miss the country.

나는 시골이 그립다.

The Town Mouse and the Country Mouse

문장을 연결하여 이야기를 다시 읽어요!

① A city mouse visited

② The country mouse served

③ After the meal, they talked

④ The country mouse dreamed

⑤ He was glad

of the lovely city.

to go to the city mouse's house.

about the wonderful life in the city.

his cousin in the country.

simple food like beans and roots.

① 도시 쥐가 시골에 있는 그의 사촌을 방문했다. ② 시골 쥐는 콩이나 뿌리 같은 간단한 음식을 제공했다. ③ 식사 후에 그들은 도시의 멋진 생활에 대해 말했다. ④ 시골 쥐는 멋진 도시를 꿈꿨다. ⑤ 그는 도시 쥐의 집에 가서 기뻤다.

⑥ There, they found

⑦ At that moment, a cat jumped

⑧ The mice had to run

⑨ The country mouse was

⑩ "Your food is tasty,

on the table.

and hide.

very shocked.

cakes and cheese and were eating up.

but it is too dangerous here. I miss the country."

⑥ 그곳에서 그들은 케이크와 치즈를 발견하고 먹어 치우고 있었다. ⑦ 그 순간, 고양이가 탁자 위로 올라왔다. ⑧ 쥐들은 도망가고 숨어야 했다. ⑨ 시골 쥐는 너무 충격이었다. ⑩ "네 음식은 맛있지만 여긴 너무 위험해. 나는 시골이 그리워."

The Town Mouse and the Country Mouse
이야기를 직접 써 보아요!

① _____

② _____

③ _____

④ _____

⑤ _____

⑥ _____

⑦ _____

⑧ _____

⑨ _____

⑩ _____

King Donkey Ears

There was once a king with a big secret.

Underneath his crown, he had donkey ears.

No one knew except his barber.

The king warned him, "Don't tell anyone."

But the barber really wanted to tell someone.

He made a deep hole and shouted,

"세상에 영원한 비밀은 없다!"

"이건 비밀인데."라고 남에게 말하는 순간,
더 이상 비밀은 숨기기 어려워요.

● 이야기 듣기
● 따라 말하기

"The king has donkey ears."

Later reeds grew over the hole and whispered,

"The king has donkey ears."

Soon, everyone in the kingdom heard the secret.

But people didn't care about his ears.

So, he stopped hiding his ears.

King Donkey Ears

단어들을 읽고, 주어진 문장을 써 보아요!

secret

☑ 비밀 ☐ 진실

There was once a king with a big secret.

옛말에 큰 비밀이 있는 왕이 있었다.

underneath

☐ 바로 위에 ☐ 바로 아래에

Underneath his crown, he had donkey ears.

왕관 바로 아래에 그는 당나귀 귀가 있었다.

except

☐ 제외하고 ☐ 포함하여

No one knew except his barber.

그의 이발사를 제외하고 아무도 몰랐다. (know의 과거는 knew)

warn

☐ 경고하다 ☐ 알리다

The king warned him.

왕은 그에게 경고했다.

barber

☐ 신하 ☐ 이발사

But the barber really wanted to tell someone.

하지만 이발사는 정말 누군가에게 말하고 싶었다.

hole

□ 구멍　□ 동굴

He made a deep hole.

그는 깊은 구멍을 만들었다.

donkey

□ 당나귀　□ 캥거루

The king has donkey ears.

임금님은 당나귀 귀를 가졌다.

reed

□ 갈대　□ 대나무

Reeds grew over the hole.

갈대가 그 구멍에서 자랐다. (grow의 과거는 grew)

kingdom

□ 마을　□ 왕국

Everyone in the kingdom heard the secret.

왕국의 모든 사람이 그 비밀을 들었다. (hear의 과거는 heard)

care about

□ 놀러 가다　□ 관심을 갖다

But people didn't care about his ears.

하지만 사람들은 그의 귀에 대해 관심을 갖지 않았다.

King Donkey Ears

문장을 연결하여 이야기를 다시 읽어요!

① There was once •
② Underneath his crown, •
③ No one knew •
④ The king warned •
⑤ But the barber really wanted •

• except his barber.
• a king with a big secret.
• he had donkey ears.
• him, "Don't tell anyone."
• to tell someone.

① 옛날에 큰 비밀이 있는 왕이 있었다. ② 왕관 바로 아래에 그는 당나귀 귀가 있었다. ③ 그의 이발사를 제외하고 아무도 몰랐다. ④ 왕은 그에게 경고했다. "아무에게도 말하지 마." ⑤ 하지만 이발사는 정말 누군가에게 말하고 싶었다.

⑥ He made a deep hole •
⑦ Later reeds grew over the hole •
⑧ Soon, everyone in the kingdom •
⑨ But people didn't care •
⑩ So, he stopped •

• about his ears.
• heard the secret.
• hiding his ears.
• and whispered, "The king has donkey ears."
• and shouted, "The king has donkey ears."

⑥ 그는 깊은 구멍을 만들고 "임금님 귀는 당나귀 귀다."라고 소리쳤다. ⑦ 나중에 갈대가 그 구멍에서 자라 "임금님 귀는 당나귀 귀다."라고 속삭였다. ⑧ 곧 왕국의 모든 사람이 그 비밀을 들었다. ⑨ 하지만 사람들은 그의 귀에 대해 관심을 갖지 않았다. ⑩ 그래서 그는 그의 귀를 감추는 것을 그만뒀다.

King Donkey Ears

이야기를 직접 써 보아요!

①

_____

②

_____

③

_____

④

_____

⑤

_____

⑥

_____

⑦

_____

⑧

_____

⑨

_____

⑩

_____

Belling the Cat

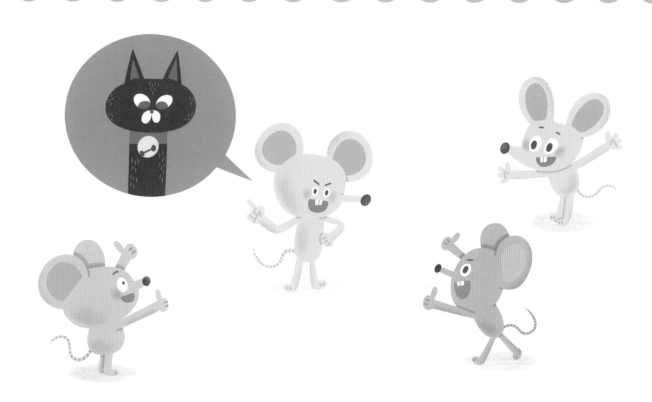

A group of mice were very scared of a big cat.

They wanted to be safe from the cat.

One little mouse had an idea.

"Let's put a bell on the cat! Then we can hear the

bell and know when the cat is coming."

All the mice thought this was a great idea.

이야기 듣기
따라 말하기

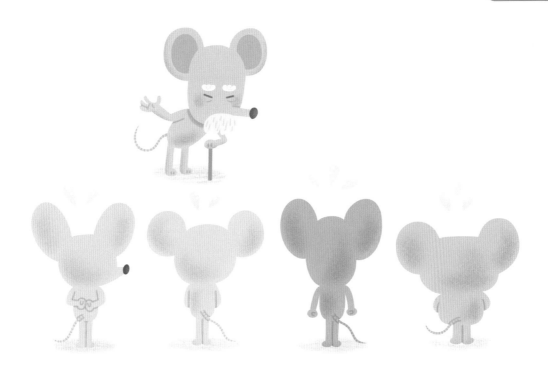

But then, an old mouse asked,

"Who will put the bell on the cat?"

All the mice got quiet.

Nobody wanted to put the bell on the cat.

The idea sounded great, but no one was brave

enough to put the bell on the cat.

1
단어로
본문 쓰기

Belling the Cat
단어들을 읽고, 주어진 문장을 써 보아요!

group
☑ 무리 ☐ 혼자

A group of mice were very scared of a big cat.

⇨ --

쥐 무리들은 큰 고양이를 매우 두려워했다.

safe
☐ 위험한 ☐ 안전한

They wanted to be safe from the cat.

⇨ --

그들은 고양이로부터 안전하고 싶었다.

put a bell
☐ 종을 걸다 ☐ 종을 울리다

Let's put a bell on the cat!

⇨ --

고양이에게 종을 걸자!

think
☐ 말하다 ☐ 생각하다

All the mice thought this was a great idea.

⇨ --

모든 쥐들은 이것이 좋은 생각이라고 생각했다. (think의 과거는 thought)

114

quiet

All the mice got quiet.

모든 쥐들은 조용해졌다.

nobody

Nobody wanted to put the bell on the cat.

아무도 고양이에게 종을 걸고 싶지 않았다.

sound

The idea sounded great.

그 생각은 좋게 들렸다.

enough to

No one was brave enough to put the bell on the cat.

어느 누구라도 고양이에게 종을 걸 만큼 충분히 용감하지 않았다.

Belling the Cat

문장을 연결하여 이야기를 다시 읽어요!

---

① A group of mice were •- - - - - - - - - - - • very scared of a big cat.

② They wanted • • an idea.

• this was a great idea.

③ One little mouse had • • to be safe from the cat.

④ "Let's put a bell •

• on the cat! Then we can hear the bell and know when the cat is coming."

⑤ All the mice thought •

① 쥐 무리들은 큰 고양이를 매우 두려워했다. ② 그들은 고양이로부터 안전하고 싶었다. ③ 한 어린 쥐가 생각해 냈다.
④ "고양이에게 종을 걸자! 그러면 우리는 종소리를 듣고 언제 고양이가 오는지 알 수 있어." ⑤ 모든 쥐들은 이것이
좋은 생각이라고 생각했다.

---

⑥ But then, an old mouse asked, •

• quiet.

• to put the bell on the cat.

⑦ All the mice got •

• "Who will put the bell on the cat?"

⑧ Nobody wanted •

⑨ The idea sounded great, •

• but no one was brave enough to put the bell on the cat.

⑥ 하지만 그때, 노인 쥐가 물었다. "누가 고양이에게 종을 걸지?" ⑦ 모든 쥐들은 조용해졌다. ⑧ 아무도 고양이에게
종을 걸고 싶지 않았다. ⑨ 그 생각은 좋게 들렸지만, 어느 누구라도 고양이에게 종을 걸 만큼 충분히 용감하지 않았다.

Belling the Cat   이야기를 직접 써 보아요!

① _____

_____

② _____

_____

③ _____

_____

④ _____

_____

⑤ _____

_____

⑥ _____

_____

⑦ _____

_____

⑧ _____

_____

⑨ _____

_____

The Fox and the Grapes

A hungry fox saw some juicy grapes.

The fox wanted to eat the grapes.

But the grapes were hanging too high.

The fox jumped and jumped to get them.

He couldn't reach them.

"때로는 실패를 인정할 것!"

자신이 원하는 것을 이루지 못했다고 남을 탓하고
핑계만 대는 태도는 멋지지 않아요.

이야기 듣기
따라 말하기

The fox jumped again, but missed again.

Finally, the fox gave up.

"Those grapes must be sour anyway. I don't
want them."

He walked away.

He was still hungry but pretended not to care.

The Fox and the Grapes
단어들을 읽고, 주어진 문장을 써 보아요!

juicy

☑ 즙이 많은 ☐ 건조한

A hungry fox saw some juicy grapes.

➡ _____

_____

배고픈 여우가 즙 많은 포도를 보았다.

hang

☐ 열다 ☐ 걸다

But the grapes were hanging too high.

➡ _____

_____

그러나 포도는 너무 높이 걸려 있었다.

get

☐ 먹다 ☐ 얻다

The fox jumped and jumped to get them.

➡ _____

_____

여우는 그것들을 얻기 위해 점프하고 점프했다.

reach

☐ 닿다 ☐ 걸리다

He couldn't reach them.

➡ _____

_____

그는 그것들에 닿을 수 없었다.

give up

☐ 포기하다　☐ 노력하다

Finally, the fox gave up.

결국, 여우는 포기했다. (give의 과거는 gave)

sour

☐ (맛이) 신　☐ (맛이) 짠

Those grapes must be sour anyway.

그 포도들은 어쨌든 신맛이 나는 게 틀림없다.

walk away

☐ 머무르다　☐ 떠나가다

He walked away.

그는 떠나갔다.

pretend

☐ ~인 척하다　☐ 상상하다

He pretended not to care.

그는 관심 없는 척했다.

The Fox and the Grapes

문장을 연결하여 이야기를 다시 읽어요!

① A hungry fox saw •   • hanging too high.

② The fox wanted •   • some juicy grapes.

③ But the grapes were •   • to eat the grapes.

④ The fox jumped •   • them.

⑤ He couldn't reach •   • and jumped to get them.

① 배고픈 여우가 즙 많은 포도를 보았다. ② 여우는 그 포도를 먹고 싶었다. ③ 그러나 포도는 너무 높이 걸려 있었다.
④ 여우는 그것들을 얻기 위해 점프하고 점프했다. ⑤ 그는 그것들에 닿을 수 없었다.

⑥ The fox jumped •   • gave up.

⑦ Finally, the fox •   • sour anyway. I don't want them."

⑧ "Those grapes must be •   • again, but missed again.

⑨ He walked •   • away.

⑩ He was still hungry •   • but pretended not to care.

⑥ 여우는 다시 점프했지만 다시 놓쳤다. ⑦ 결국, 여우는 포기했다. ⑧ "그 포도들은 어쨌든 신맛이 나는 게 틀림없어.
나는 그것을 원하지 않아." ⑨ 그는 떠나갔다. ⑩ 그는 여전히 배고프지만 관심 없는 척했다.

The Fox and the Grapes

이야기를 직접 써 보아요!

①
_____

②
_____

③
_____

④
_____

⑤
_____

⑥
_____

⑦
_____

⑧
_____

⑨
_____

⑩
_____

The Goose with the Golden Eggs

Once upon a time, a farmer had a special goose.

This goose laid one golden egg every day.

The farmer sold the eggs and made a lot of money.

He became rich, but he wanted more.

"You must lay eggs faster."

"너무 큰 욕심은 불행을 불러와!"

짧은 생각으로 욕심을 부리면
행운이 불행으로 바뀔 수 있어요!

이야기 듣기
따라 말하기

The farmer thought, 'If I cut open the goose,
I can get all the gold inside!'
But when the farmer cut the goose open, he
found no gold.
Now, the farmer had no golden eggs and no
goose.
He lost everything because he was too greedy.

The Goose with the Golden Eggs
단어들을 읽고, 주어진 문장을 써 보아요!

farmer
☑ 농부　☐ 어부

A farmer had a special goose.

농부는 특별한 거위가 있었다.

lay
☐ 낳다　☐ 놓다

This goose laid one golden egg every day.

이 거위는 매일 하나의 황금알을 낳았다. (lay의 과거는 laid)

sell
☐ 사다　☐ 팔다

The farmer sold the eggs.

농부는 알을 팔았다. (sell의 과거는 sold)

make money
☐ 돈을 벌다　☐ 돈을 쓰다

He made a lot of money.

그는 많은 돈을 벌었다. (make의 과거는 made)

faster
☐ 빠르게　☐ 더 빠르게

You must lay eggs faster.

너는 더 빠르게 알을 낳아야 한다.

cut open
□ 붙이다 □ 절개하다

I cut open the goose.

나는 거위를 절개한다.

inside
□ 안에 □ 밖에

I can get all the gold inside!

나는 안에 있는 황금을 다 가질 수 있다!

goose
□ 닭 □ 거위

The farmer cut the goose open.

농부는 거위를 절개했다.

golden
□ 황금빛의 □ 낡은

The farmer had no golden eggs and no goose.

농부는 황금알도 거위도 없었다.

lose
□ 얻다 □ 잃다

He lost everything because he was too greedy.

그가 너무 욕심을 부렸기 때문에 그는 모든 것을 잃었다. (lose의 과거는 lost)

The Goose with the Golden Eggs

문장을 연결하여 이야기를 다시 읽어요!

① Once upon a time, a farmer

but he wanted more.

had a special goose.

② This goose laid

③ The farmer sold

one golden egg every day.

④ He became rich,

eggs faster."

⑤ "You must lay

the eggs and made a lot of money.

① 옛날에 한 농부는 특별한 거위가 있었다. ② 이 거위는 매일 하나의 황금알을 낳았다. ③ 농부는 알을 팔아 많은 돈을 벌었다. ④ 그는 부자가 되었지만 더 원했다. ⑤ "너는 더 빠르게 알을 낳아야 해."

⑥ The farmer thought,

because he was too greedy.

no golden eggs and no goose.

⑦ But when the farmer cut

⑧ Now, the farmer had

the goose open, he found no gold.

⑨ He lost everything

'If I cut open the goose, I can get all the gold inside!'

⑥ 농부는 생각했다. '만약 내가 거위를 절개한다면, 나는 안에 있는 황금을 다 가질 수 있을 거야!' ⑦ 하지만 농부가 거위를 절개했을 때 그는 황금을 찾지 못했다. ⑧ 이제 농부는 황금알도 거위도 없었다. ⑨ 그가 너무 욕심을 부렸기 때문에 그는 모든 것을 잃었다.

① _____

② _____

③ _____

④ _____

⑤ _____

⑥ _____

⑦ _____

⑧ _____

⑨ _____

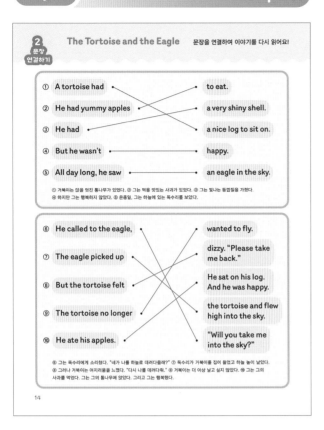

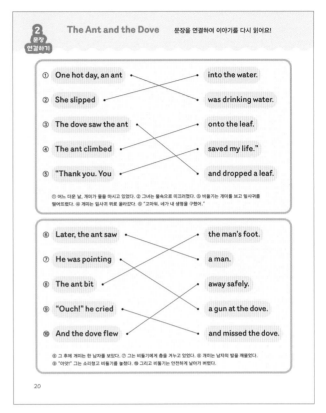

Day 3 — The Two Crabs (p.26)

① One fine day, two crabs — took a walk on the sand.
② "Child," said the mom crab, — "Why do you walk so one-sided?"
③ "You're twisting — from side to side."
④ The son crab said, — "You're right, Mom."
⑤ "Please show me — how to walk."

① 어느 좋은 날, 두 게가 모래 위에서 산책했다. ② "얘야," 엄마 게가 말했다. "왜 너는 그렇게 한쪽으로 걷니?"
③ "너는 좌우로 비틀거리고 있어." ④ 아들 게가 "맞아요, 엄마."라고 말했다. ⑤ "저에게 걷는 법을 보여 주세요."

⑥ "OK. I'll teach you — how to walk straight," said the mom crab.
⑦ The mom crab tried — to walk straight forward.
⑧ But she could only walk — sideways, like her son.
⑨ When she stepped forward, — she missed her step.
⑩ She fell — on her nose.

⑥ "좋아. 내가 똑바로 걷는 법을 너에게 가르쳐 줄게."라고 엄마 게가 말했다. ⑦ 엄마 게는 앞으로 똑바로 걸으려고 노력했다.
⑧ 그러나 그녀는 자신의 아들처럼 단지 옆으로 걸을 수만 있었다. ⑨ 그녀가 앞으로 걸었을 때, 그녀는 자신의 걸음을
놓쳤다. ⑩ 그녀는 자신의 코앞에 넘어졌다.

26

130

The Greedy Dog   문장을 연결하여 이야기를 다시 읽어요!

① A greedy dog had — a bone in his mouth.

② The dog was crossing — at the stream.

③ He looked down — a bridge.

④ The water was — like a mirror.

⑤ He saw — another dog with a bone in his mouth.

① 욕심 많은 개는 입에 뼈가 있었다. ② 그 개는 다리를 건너고 있었다. ③ 그는 개울에서 아래를 바라봤다.
④ 그 물은 거울 같았다. ⑤ 그는 입에 뼈가 있는 다른 개를 보았다.

⑥ 'His bone looks — that bone."

⑦ "Woof, woof! Give me — it ever again.

⑧ When he opened his mouth, — his bone fell out.

⑨ His bone was — bigger than mine.'

⑩ He couldn't find — gone.

⑥ '그의 뼈가 내 것보다 더 커 보여.' ⑦ "왈, 왈! 내게 그 뼈를 줘." ⑧ 그가 입을 열었을 때 그의 뼈가 떨어졌다.
⑨ 그의 뼈는 사라졌다. ⑩ 그는 그것을 다시는 찾을 수 없었다.

38

The Frogs and the Ox   문장을 연결하여 이야기를 다시 읽어요!

① One day, a big ox came — scared.

② The baby frogs got — to their mom.

③ The baby frogs ran — to the pond.

④ They said, "Mom, — herself up.

⑤ Mother frog puffed — we saw a huge animal today!"

① 어느 날, 큰 황소가 연못에 왔다. ② 아기 개구리들은 무서워졌다. ③ 아기 개구리들은 그들의 엄마에게 달려갔다.
④ 그들은 "엄마, 우리가 오늘 거대한 동물을 봤어요!"라고 말했다. ⑤ 엄마 개구리는 자신을 부풀렸다.

⑥ "Was he as big — puffing herself up.

⑦ The baby frogs said, — that she burst.

⑧ Mother frog wanted — to be as big as the ox.

⑨ She kept — as this?" she asked.

⑩ She got so big — "No, he was much bigger!"

⑥ "그가 이것만큼 컸었니?" 그녀는 물었다. ⑦ 아기 개구리들이 "아니요, 그가 훨씬 더 컸어요"라고 말했다.
⑧ 엄마 개구리는 황소만큼 크기를 원했다. ⑨ 그녀는 자신을 계속 부풀렸다. ⑩ 그녀는 너무 커져서 터져 버렸다.

44

The Donkey in the Lion's Skin
문장을 연결하여 이야기를 다시 읽어요!

① A donkey found — a lion's skin.

② He wanted — him and ran away.

③ So he put on — to scare the other animals.

④ Other animals saw — a lot of fun.

⑤ The donkey had — the lion's skin and walked around the forest.

① 당나귀가 사자의 가죽을 발견했다. ② 그는 다른 동물들을 무섭게 하고 싶었다. ③ 그래서 그는 사자의 가죽을 입고
숲 주변을 걸었다. ④ 다른 동물들이 그를 보고 도망쳤다. ⑤ 당나귀는 너무 재밌었다.

⑥ The donkey met — strange to the fox.

⑦ "I'm the king — of the forest!" the donkey roared.

⑧ But the donkey's voice sounded — they screamed, "You fooled us!"

⑨ He came close to the donkey and said, — a fox and acted like a lion.

⑩ When the other animals heard this, — "You may look like a lion, but you sound like a donkey."

⑥ 당나귀는 여우를 만나서 사자처럼 행동했다. ⑦ "내가 숲속의 왕이다"라고 당나귀가 포효했다. ⑧ 하지만 당나귀의
목소리는 여우에게 이상하게 들렸다. ⑨ 그는 당나귀에게 다가가 "너는 사자처럼 보일지 모르겠지만 너는 당나귀처럼
들린다."라고 말했다. ⑩ 다른 동물들이 이것을 들었을 때 그들은 "너는 우리를 속였어!"라고 소리쳤다.

50

The Fox and the Crow   문장을 연결하여 이야기를 다시 읽어요!

① A crow had — the cheese.

② A hungry fox wanted — such beautiful feathers!"

③ "Oh, you have — a piece of cheese in her mouth.

④ "You must have — a lovely voice, too."

⑤ "Can you sing — for me?" said the fox.

① 까마귀는 그녀의 입에 치즈 한 조각이 있었다. ② 배고픈 여우는 그 치즈를 원했다. ③ "오, 너는 정말 아름다운
깃털을 가지고 있구나!" ④ "너는 또한 사랑스런 목소리를 갖고 있는 게 틀림없어." ⑤ "네가 나를 위해 노래를 불러
줄 수 있니?"라고 여우가 말했다.

⑥ The crow felt — very proud.

⑦ She opened — it in one gulp.

⑧ The cheese dropped — her beak to sing.

⑨ He swallowed — the worst voice. Goodbye, foolish bird."

⑩ "Silly crow! You have — and fell into the mouth of the fox.

⑥ 까마귀는 정말 자랑스럽게 느꼈다. ⑦ 그녀는 노래하기 위해 부리를 열었다. ⑧ 치즈가 떨어지고 여우의 입으로
떨어졌다. ⑨ 그는 한입에 그것을 삼켰다. ⑩ "바보 까마귀야! 너는 가장 나쁜 목소리를 가졌어. 안녕, 바보 새야."

56

131

Day 9 — p.62

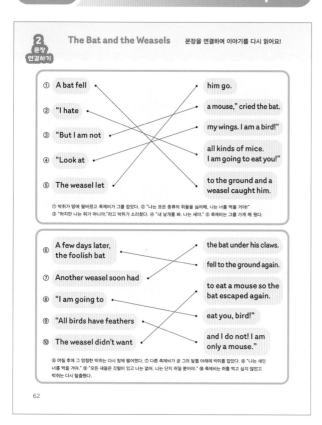

2 문장 연결하기 — The Bat and the Weasels — 문장을 연결하여 이야기를 다시 읽어요!

① A bat fell · — · to the ground and a weasel caught him.
② "I hate · — · all kinds of mice. I am going to eat you!"
③ "But I am not · — · my wings. I am a bird!"
④ "Look at · — · a mouse," cried the bat.
⑤ The weasel let · — · him go.

① 박쥐가 땅에 떨어졌고 족제비가 그를 잡았다. ② "나는 모든 종류의 쥐를 싫어해. 나는 너를 먹을 거야!" ③ "하지만 나는 쥐가 아니야."라고 박쥐가 소리쳤다. ④ "내 날개를 봐. 나는 새야." ⑤ 족제비는 그를 가게 해 줬다.

⑥ A few days later, the foolish bat · — · fell to the ground again.
⑦ Another weasel soon had · — · the bat under his claws.
⑧ "I am going to · — · eat you, bird!"
⑨ "All birds have feathers · — · and I do not! I am only a mouse."
⑩ The weasel didn't want · — · to eat a mouse so the bat escaped again.

⑥ 며칠 후에 그 멍청한 박쥐는 다시 떨어졌다. ⑦ 다른 족제비가 곧 발톱 아래에 박쥐를 잡았다. ⑧ "나는 새인 너를 먹을 거야." ⑨ "모든 새들은 깃털이 있고 나는 없어. 나는 단지 쥐일 뿐이야." ⑩ 족제비는 쥐를 먹고 싶지 않았고 박쥐는 다시 탈출했다.

62

Day 10 — p.68

2 문장 연결하기 — Two Friends and the Bear — 문장을 연결하여 이야기를 다시 읽어요!

① Two friends were walking · — · a big bear.
② Suddenly, they saw · — · up a tree.
③ One friend climbed · — · together in the forest.
④ The other friend lay down · — · on the ground.
⑤ He pretended · — · to be dead.

① 두 친구는 함께 숲속에서 걷고 있었다. ② 갑자기 그들은 큰 곰을 보았다. ③ 한 친구는 나무에 올랐다. ④ 다른 친구는 땅에 누웠다. ⑤ 그는 죽은 척했다.

⑥ The bear sniffed · — · in your ear?" he asked.
⑦ After the bear was gone, · — · him and whispered in his ear.
⑧ "What did he whisper · — · the friend in the tree came down.
⑨ "He told me · — · not to trust a friend who leaves you in danger." answered the other.

⑥ 곰은 그의 냄새를 킁킁 맡았고 그의 귀에 속삭였다. ⑦ 곰이 간 후에 나무에 있던 친구가 내려왔다. ⑧ "그가 네 귀에 뭐라고 속삭였니?"라고 그가 물었다. ⑨ "그는 나에게 너를 위험에 두는 친구를 믿지 말라고 말했어."라고 다른 친구가 답했다.

68

Day 11 — p.74

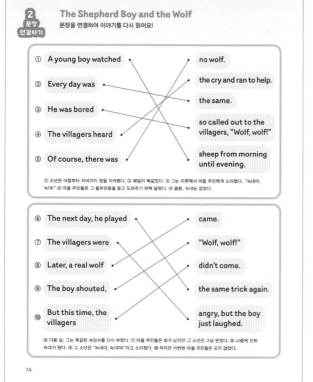

2 문장 연결하기 — The Shepherd Boy and the Wolf — 문장을 연결하여 이야기를 다시 읽어요!

① A young boy watched · — · no wolf.
② Every day was · — · the cry and ran to help.
③ He was bored · — · the same.
④ The villagers heard · — · so called out to the villagers, "Wolf, wolf!"
⑤ Of course, there was · — · sheep from morning until evening.

① 소년은 아침부터 저녁까지 양을 지켜봤다. ② 매일이 똑같았다. ③ 그는 지루해서 마을 주민에게 소리쳤다. "늑대야, 늑대!" ④ 마을 주민들은 그 울부짖음을 듣고 도와주기 위해 달렸다. ⑤ 물론, 늑대는 없었다.

⑥ The next day, he played · — · came.
⑦ The villagers were · — · "Wolf, wolf!"
⑧ Later, a real wolf · — · didn't come.
⑨ The boy shouted, · — · the same trick again.
⑩ But this time, the villagers · — · angry, but the boy just laughed.

⑥ 다음 날, 그는 똑같은 속임수를 다시 부렸다. ⑦ 마을 주민들은 화가 났지만 그 소년은 그냥 웃었다. ⑧ 나중에 진짜 늑대가 왔다. ⑨ 그 소년은 "늑대야, 늑대야"라고 소리쳤다. ⑩ 하지만 이번에 마을 주민들은 오지 않았다.

74

Day 12 — p.80

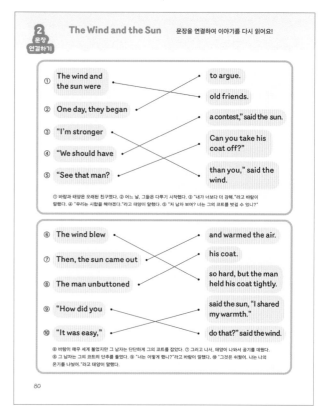

2 문장 연결하기 — The Wind and the Sun — 문장을 연결하여 이야기를 다시 읽어요!

① The wind and the sun were · — · to argue.
② One day, they began · — · old friends.
③ "I'm stronger · — · a contest," said the sun.
④ "We should have · — · Can you take his coat off?"
⑤ "See that man? · — · than you," said the wind.

① 바람과 태양은 오래된 친구였다. ② 어느 날, 그들은 다투기 시작했다. ③ "내가 너보다 더 강해."라고 바람이 말했다. ④ "우리는 시합을 해야겠다."라고 태양이 말했다. ⑤ "저 남자 보여? 너는 그의 코트를 벗길 수 있니?"

⑥ The wind blew · — · and warmed the air.
⑦ Then, the sun came out · — · his coat.
⑧ The man unbuttoned · — · so hard, but the man held his coat tightly.
⑨ "How did you · — · said the sun, "I shared my warmth."
⑩ "It was easy," · — · do that?" said the wind.

⑥ 바람이 매우 세게 불었지만 그 남자는 단단하게 그의 코트를 잡았다. ⑦ 그리고 나서, 태양이 나와서 공기를 데웠다. ⑧ 그 남자는 그의 코트의 단추를 풀었다. ⑨ "너는 어떻게 했니?"라고 바람이 말했다. ⑩ "그것은 쉬웠어. 나는 나의 온기를 나눴어."라고 태양이 말했다.

80

The Wolf and the Crane   문장을 연결하여 이야기를 다시 읽어요!

① One day, a wolf was — in his throat.
② A bone got stuck — eating quickly.
③ He couldn't — a crane for help.
④ The wolf asked — get it out.
⑤ "Please help me! — And I will reward you."

① 어느 날, 늑대가 빠르게 먹고 있었다. ② 뼈가 그의 목에서 꼼짝하지 않았다. ③ 그는 그것을 꺼낼 수 없었다.
④ 늑대는 두루미에게 도움을 청했다. ⑤ "제발 나를 도와줘! 그러면 내가 너에게 보상해 줄게."

⑥ The crane put — her head in the wolf's throat.
⑦ She pulled out — "You already have your reward."
⑧ She asked, — "Can I have my reward now?"
⑨ The wolf laughed, — when you put your neck in my mouth!"
⑩ "I didn't bite — the bone with her long neck.

⑥ 두루미는 늑대의 목구멍에 자신의 머리를 넣었다. ⑦ 그녀는 자신의 긴 목으로 그 뼈를 끌어냈다. ⑧ "내가 이제
내 보상을 가져도 되니?"라고 그녀가 물었다. ⑨ 늑대는 웃었다. "너는 이미 네 보상을 가졌어." ⑩ "네가 내 입에
네 목을 넣을 때 나는 물지 않았어!"

86

The Frogs Pick a King   문장을 연결하여 이야기를 다시 읽어요!

① The frogs in the lake asked — afraid of the log at first.
② Zeus sent — it wasn't a king.
③ The frogs were — Zeus for a king.
④ But they got to know — a real king," the frogs prayed again.
⑤ "Send us — a big log, "This is your king."

① 호수의 개구리들은 제우스에게 왕을 요청했다. ② 제우스는 큰 통나무를 보냈다."이것이 너희들의 왕이다."
③ 그 개구리들은 처음에 그 통나무를 두려워했다. ④ 그러나 그들은 그것이 왕이 아니라는 것을 알게 되었다.
⑤ "진짜 왕을 보내주세요." 그 개구리들은 다시 기도했다.

⑥ This time, Zeus sent — a big crane.
⑦ The frogs went — and ate the frogs!
⑧ But the crane caught — no frogs left in the lake.
⑨ "You wanted — happily to meet him.
⑩ In the end, there were — a real king and I gave you a real one."

⑥ 이번에는 제우스가 큰 두루미를 보냈다. ⑦ 그 개구리들은 행복하게 가서 그를 만났다. ⑧ 하지만 두루미는
개구리들을 잡아서 먹었다. ⑨ "너희들은 진짜 왕을 원했고 나는 너희들에게 진짜를 주었다." ⑩ 결국, 호수에
남아 있는 개구리는 없었다.

92

The Donkey and the Salt   문장을 연결하여 이야기를 다시 읽어요!

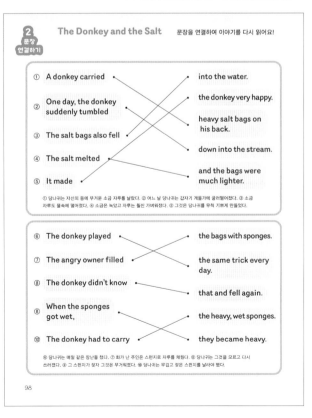

① A donkey carried — into the water.
② One day, the donkey suddenly tumbled — the donkey very happy.
③ The salt bags also fell — heavy salt bags on his back.
④ The salt melted — down into the stream.
⑤ It made — and the bags were much lighter.

① 당나귀는 자신의 등에 무거운 소금 자루를 날랐다. ② 어느 날 당나귀는 갑자기 개울으로 굴러떨어졌다. ③ 소금
자루도 물속에 떨어졌다. ④ 소금은 녹았고 자루는 훨씬 가벼워졌다. ⑤ 그것은 당나귀를 무척 기쁘게 만들었다.

⑥ The donkey played — the bags with sponges.
⑦ The angry owner filled — the same trick every day.
⑧ The donkey didn't know — that and fell again.
⑨ When the sponges got wet, — the heavy, wet sponges.
⑩ The donkey had to carry — they became heavy.

⑥ 당나귀는 매일 같은 장난을 쳤다. ⑦ 화가 난 주인은 스펀지로 자루를 채웠다. ⑧ 당나귀는 그것을 모르고 다시
쓰러졌다. ⑨ 그 스펀지가 젖자 그것은 무거워졌다. ⑩ 당나귀는 무겁고 젖은 스펀지를 날라야 했다.

98

The Town Mouse and the Country Mouse
문장을 연결하여 이야기를 다시 읽어요!

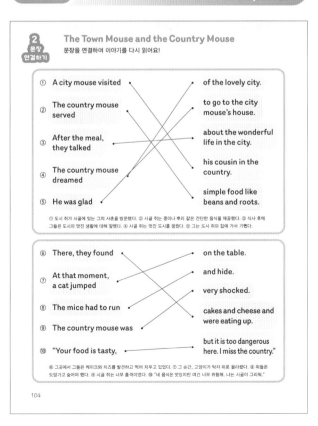

① A city mouse visited — of the lovely city.
② The country mouse served — to go to the city mouse's house.
③ After the meal, they talked — about the wonderful life in the city.
④ The country mouse dreamed — his cousin in the country.
⑤ He was glad — simple food like beans and roots.

① 도시 쥐가 시골에 있는 그의 사촌을 방문했다. ② 시골 쥐는 콩이나 뿌리 같은 간단한 음식을 제공했다. ③ 식사 후에
그들은 도시의 멋진 생활에 대해 말했다. ④ 시골 쥐는 도시를 꿈꿨다. ⑤ 그는 도시 쥐의 집에 가서 기뻤다.

⑥ There, they found — on the table.
⑦ At that moment, a cat jumped — and hide.
⑧ The mice had to run — very shocked.
⑨ The country mouse was — cakes and cheese and were eating up.
⑩ "Your food is tasty, — but it is too dangerous here. I miss the country."

⑥ 그곳에서 그들은 케이크와 치즈를 발견하고 먹어 치우고 있었다. ⑦ 그 순간, 고양이가 탁자 위로 올라왔다. ⑧ 쥐들은
도망가고 숨어야 했다. ⑨ 시골 쥐는 너무 충격이었다. ⑩ "네 음식은 맛있지만 여긴 너무 위험해. 나는 시골이 그리워."

104

133

Day 17 — p.110

2 문장 연결하기 **King Donkey Ears** 문장을 연결하여 이야기를 다시 읽어요!

① There was once — a king with a big secret.
② Underneath his crown, — he had donkey ears.
③ No one knew — except his barber.
④ The king warned — him, "Don't tell anyone."
⑤ But the barber really wanted — to tell someone.

① 옛날에 큰 비밀이 있는 왕이 있었다. ② 왕관 바로 아래에 그는 당나귀 귀가 있었다. ③ 그의 이발사를 제외하고 아무도 몰랐다. ④ 왕은 그에게 경고했다. "아무에게도 말하지 마." ⑤ 하지만 이발사는 정말 누군가에게 말하고 싶었다.

⑥ He made a deep hole — and whispered, "The king has donkey ears."
⑦ Later reeds grew over the hole — heard the secret.
⑧ Soon, everyone in the kingdom — and shouted, "The king has donkey ears."
⑨ But people didn't care — about his ears.
⑩ So, he stopped — hiding his ears.

⑥ 그는 깊은 구멍을 만들고 "임금님 귀는 당나귀 귀다."라고 소리쳤다. ⑦ 나중에 갈대가 그 구멍에서 자라 "임금님 귀는 당나귀 귀다."라고 속삭였다. ⑧ 곧 왕국의 모든 사람이 그 비밀을 들었다. ⑨ 하지만 사람들은 그의 귀에 대해 관심을 갖지 않았다. ⑩ 그래서 그는 그의 귀를 감추는 것을 그만뒀다.

110

Day 18 — p.116

2 문장 연결하기 **Belling the Cat** 문장을 연결하여 이야기를 다시 읽어요!

① A group of mice were — very scared of a big cat.
② They wanted — to be safe from the cat.
③ One little mouse had — an idea.
④ "Let's put a bell — on the cat! Then we can hear the bell and know when the cat is coming."
⑤ All the mice thought — this was a great idea.

① 쥐 무리들은 큰 고양이를 매우 두려워했다. ② 그들은 고양이로부터 안전하고 싶었다. ③ 한 어린 쥐가 생각해 냈다. ④ "고양이에게 종을 달자. 그러면 우리는 종소리를 듣고 언제 고양이가 오는지 알 수 있어." ⑤ 모든 쥐들은 이것이 좋은 생각이라고 생각했다.

⑥ But then, an old mouse asked, — "Who will put the bell on the cat?"
⑦ All the mice got — quiet.
⑧ Nobody wanted — to put the bell on the cat.
⑨ The idea sounded great, — but no one was brave enough to put the bell on the cat.

⑥ 하지만 그때, 노인 쥐가 물었다. "누가 고양이에게 종을 달지?" ⑦ 모든 쥐들은 조용해졌다. ⑧ 아무도 고양이에게 종을 걸고 싶지 않았다. ⑨ 그 생각은 좋게 들렸지만, 어느 누구도 고양이에게 종을 걸 만큼 충분히 용감하지 않았다.

116

Day 19 — p.122

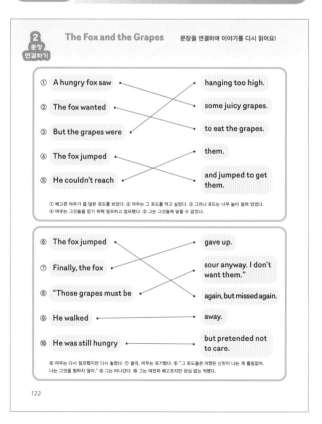

2 문장 연결하기 **The Fox and the Grapes** 문장을 연결하여 이야기를 다시 읽어요!

① A hungry fox saw — some juicy grapes.
② The fox wanted — to eat the grapes.
③ But the grapes were — hanging too high.
④ The fox jumped — and jumped to get them.
⑤ He couldn't reach — them.

① 배고픈 여우가 즙 많은 포도를 보았다. ② 여우는 그 포도를 먹고 싶었다. ③ 그러나 포도는 너무 높이 걸려 있었다. ④ 여우는 그것들을 얻기 위해 펄쩍펄쩍 뛰었다. ⑤ 그는 그것들에 닿을 수 없었다.

⑥ The fox jumped — again, but missed again.
⑦ Finally, the fox — gave up.
⑧ "Those grapes must be — sour anyway. I don't want them."
⑨ He walked — away.
⑩ He was still hungry — but pretended not to care.

⑥ 여우는 다시 점프했지만 다시 놓쳤다. ⑦ 결국, 여우는 포기했다. ⑧ "그 포도들은 어쨌든 신맛이 나는 게 틀림없어. 나는 그것을 원하지 않아." ⑨ 그는 떠나갔다. ⑩ 그는 여전히 배고프지만 관심 없는 척했다.

122

Day 20 — p.128

2 문장 연결하기 **The Goose with the Golden Eggs** 문장을 연결하여 이야기를 다시 읽어요!

① Once upon a time, a farmer — had a special goose.
② This goose laid — one golden egg every day.
③ The farmer sold — the eggs and made a lot of money.
④ He became rich, — but he wanted more.
⑤ "You must lay — eggs faster."

① 옛날에 한 농부는 특별한 거위가 있었다. ② 이 거위는 매일 하나의 황금알을 낳았다. ③ 농부는 알을 팔아 많은 돈을 벌었다. ④ 그는 부자가 되었지만 더 원했다. ⑤ "너는 더 빠르게 알을 낳아야 해."

⑥ The farmer thought, — 'If I cut open the goose, I can get all the gold inside!'
⑦ But when the farmer cut — the goose open, he found no gold.
⑧ Now, the farmer had — no golden eggs and no goose.
⑨ He lost everything — because he was too greedy.

⑥ 농부는 생각했다. '만약 내가 거위를 절개한다면, 나는 안에 있는 황금을 다 가질 수 있을 거야!' ⑦ 하지만 농부가 거위를 절개했을 때 그는 황금을 찾지 못했다. ⑧ 이제 농부는 황금알도 거위도 없었다. ⑨ 그가 너무 욕심을 부렸기 때문에 그는 모든 것을 잃었다.

128

134

'공부 습관'이야말로 가장 큰 재능입니다.
재능많은영어연구소는 최고의 학습 효과를 내는
최적의 학습 플랜을 고민합니다.

재능많은영어연구소 소장 윤미영

경희대학교 영문학과와 같은 대학에서 석사학위를 받았습니다. 20여 년 동안 지학사, 디딤돌, 키 영어학습방법연구소, 롱테일 교육연구소에서 초등생과 중고생을 위한 영어 교재를 기획하고 만드는 일을 해 왔습니다. 베스트셀러인《문법이 쓰기다》,《단어가 읽기다》,《구문이 독해다》, 혼공 시리즈《혼공 초등 영단어》,《혼공 초등 영문법》, 바빠 시리즈《바빠 초등 필수 영단어》, 영어독립 시리즈《초등영어 읽기독립》,《초등영어 쓰기독립》등을 집필했습니다.

그림 이탁근

일러스트레이션학교 HILLS에서 그림책을 배웠습니다. 현재 일러스트레이터와 그림책 작가로 활동하고 있습니다. 쓰고 그린 책으로《오늘도 멋진 동구》,《기울어》,《내가 코끼리처럼 커진다면》,《차올라》등이 있습니다.

필사로 시작하는 영어 독서 1 이솝 우화 따라 쓰기

1판 1쇄 발행일 2025년 6월 2일

지은이 재능많은영어연구소
그린이 이탁근

발행인 김학원
발행처 휴먼어린이
출판등록 제313-2006-000161호(2006년 7월 31일)
주소 (03991) 서울시 마포구 동교로23길 76(연남동)
전화 02-335-4422 **팩스** 02-334-3427
저자·독자 서비스 humanist@humanistbooks.com
홈페이지 www.humanistbooks.com
유튜브 youtube.com/user/humanistma
페이스북 facebook.com/hmcv2001 **인스타그램** @human_kids
편집주간 황서현 **편집** 이주은 김혜정 **원어민 검토** Sherwood Choe
디자인 유주현 **음원 제작** 109Sound
용지 화인페이퍼 **인쇄** 삼조인쇄 **제본** 해피문화사

ⓒ 재능많은영어연구소·윤미영, 2025

ISBN 978-89-6591-633-8 64740
ISBN 978-89-6591-632-1 64740(세트)